全国中考语文现代文阅读
"热点作家"
经典作品精选集

试卷上的作家

有温度的生活

曹　旭／著

张国龙／主编

延伸阅读　备战中考
适合考生做语文阅读的散文集
走进语文之美，领略阅读精髓

初中版

丰富的阅读素材
从童年往事到世间百态
从青葱校园到异域风光
开拓视野，看见世界，提升写作能力和人文素养

四川文艺出版社

图书在版编目（CIP）数据

有温度的生活 / 曹旭著. -- 成都：四川文艺出版社，2023.7
（试卷上的作家）
ISBN 978-7-5411-6703-4

Ⅰ. ①有… Ⅱ. ①曹… Ⅲ. ①阅读课—中学—教学参考资料 Ⅳ. ①G634.333

中国国家版本馆CIP数据核字（2023）第122499号

YOU WENDU DE SHENGHUO
有温度的生活
曹 旭 著

出 品 人	谭清洁
责任编辑	苟婉莹
封面设计	宋双成
内文设计	宋双成
责任校对	文 雯

出版发行	四川文艺出版社（成都市锦江区三色路238号）
网　　址	www.scwys.com
电　　话	028-86361802（发行部）　028-86361781（编辑部）
排　　版	北京书香文雅图书文化有限公司
印　　刷	三河市兴国印务有限公司
成品尺寸	165mm×235mm　开　本　16开
印　　张	14　字　数　170千
版　　次	2023年7月第一版　印　次　2023年7月第一次印刷
书　　号	ISBN 978-7-5411-6703-4
定　　价	39.80元

版权所有，侵权必究。如有印装质量问题，请与出版社联系调换。联系电话：028-86361795。

总 序

情感和思想的写真

张国龙

和小说、诗歌等相比，散文与大众更为亲近。大多数人一生中或多或少会运用到散文，诸如，写作文、写信、写留言条等。和小说相比，散文大多篇幅不长，不需占用太多的读写时间；和诗歌相比，散文更为通俗易懂。一句话，散文具有草根性和平民性气质。

在中小学语文课本中，散文篇目体量最大。换句话说，散文是中小学语文教学不可或缺的资源。中学生所学的语文课文大多是散文；小学生初学写作文，散文便是最早的试验田。从某种意义上说，中小学作文教学就是散文教学，主要涉及记叙性散文、抒情性散文和议论性散文。在中考、高考等各类考试中，作文的写作离不开这三类散文，甚至明确规定不可以写成诗歌。可见，散文这一文体在阅读和写作中占据了举足轻重的地位。

然而，散文作为一种"回忆性"文体，作者需要丰富的生活经历和厚重的人生体验。散文佳作，自然离不开情感的真挚性和思想的震撼性。因此，书写少年儿童生活和展现少年儿童心灵世界的散文，无外乎两类：一是成年作家回望童年和少年时光；二是少年儿童书写成长中的自己。这两类散文可统称为"少年儿童本位散文"。显而易见，前者数量更大，作品质量更高。事实上，还有相当一部分散文作品，虽然并非以少年儿童为本位，却能被少年儿童理解、接受，能够滋养少年儿童的心灵。

这套丛书遴选了众多散文名家，每人一部作品集。这些作家作品可以分作两类。一类是主要从事儿童文学创作的作家，基于少年儿童本位创作的散文，比如吴然的《白水台看云》、安武林的《安徒生的孤独》、林彦的《星星还在北方》、张国龙的《一里路需要走多久》。另一类是主要创作大众文学的作家，虽不是专为少年儿童创作，却能被少年儿童接受的散文，比如，刘心武的《起点之美》、韩小蕙的《目标始终如一》、刘庆邦的《端灯》、曹旭的《有温度的生活》、王兆胜的《阳光心房》、杨海蒂的《杂花生树》、乔叶的《鲜花课》、林夕的《从身边最近的地方寻找快乐》、辛茜的《鸟儿细语》、张丽钧的《心壤之上，万亩花开》、安宁的《一只蚂蚁爬过春天》、朱鸿的《高考作文的命题与散文写作》、梅洁的《楼兰的忧郁》、裘山山的《相亲相爱的水》、叶倾城的《用三十年等我自己长大》、简默的《指尖花田》、尹传红的《由雪引发的科学实验》。一方面，这些作家的作品皆适合少年儿童阅读；另一方面，这些作家的某些篇章曾出现在中小学生的语文试卷上。因此，可以称他们为"试卷上的作家"。

通观上述作家的散文集，无论是否以少年儿童为本位，都着力观照内心世界，抒发主体情思，崇尚真实、自由、率性的表达。

这些散文集涉及的题材多种多样，大致可分为如下三类：

其一，日常生活类。"叙事型"和"写景状物型"散文即是。铺写"我"的童年、少年生活中真实的人、事、情、景。以记叙为主，抒情与议论点染其间。比如，刘庆邦的《十五岁的少年向往百草园》

以温润的笔触，描摹了"我"在十五岁那年拜谒鲁迅故居的点点滴滴，展现了一个乡村少年对大文豪鲁迅先生的渴慕与敬仰。安武林的《黑豆里的母亲》用简约的文字，勾勒出母亲一生的困苦、卑微和坚忍，字里行间点染着悲悯与痛惜。

其二，情感类。通常所说的"抒情型"散文属此范畴，即由现实生活中的人、事、情、景引发的喜、怒、哀、乐等。以渲染"我"的主体情思为重心，人、事、情、景等是点燃内心真情实感的导火索。比如，梅洁的《童年旧事》饱蘸深情，铺叙了童年的"我"和同班同学阿三彼此的关心。一别数十载，重逢时已物人两非。曾经有着明亮单眼皮眼睛的阿三，已被岁月淘洗成"一个沉静而冷凝的男子汉"。"我"不由得轻喟"成年的阿三不属于我的感情"。辛茜的《花生米》娓娓叙说了父亲为了让"我"能吃到珍贵的花生米，带"我"去朋友家做客，并让"我"独自留宿。一夜小别，父女似久别重逢。得知那家的阿姨并没有给"我"炸花生米吃，父亲欲说还休。多年之后的"我"，回忆起这件事仍旧如鲠在喉。

其三，性情类。"独白型"散文即是。心灵世界辽阔无边，充满了芜杂的景观。事实上，我们往往只能抵达心灵九重天的一隅。在心灵的迷宫中，有多少隐秘、幽微的意识浪花被我们忽略？外部世界再大也总会有边际，心灵世界之大却无法准确找到疆界，如同深邃莫测的时光隧道。每天一睁眼，意识就开始流动、发散，我们是否能够把内心的律动细致入微地记录下来？这必定是高难度写作。如果我们追问个体生命的具体存在状态，每一天的意识流动无疑就是我们存在的最好确证。比如，曹旭的《梦雨》惜字如金，将人的形象和物的意象有机相融，把女性和江南相连缀，物我同一。

尤其是把雨比喻成女孩,"第一次见面,你甚至不必下,我的池塘里已布满你透明的韵律",空灵、曼妙,蕴藉了唐诗宋词的意味。乔叶的《我是一片瓦》由乡村习见的"瓦"浮想联翩,岁月倥偬,"瓦"已凝结成意象,沉入"我"的血脉,伴随我到天南海北。"瓦"是"我"写作的情结,更是另一个"我"。杨海蒂的《我去地坛,只为能与他相遇》,"我"因为喜欢史铁生的《我与地坛》而一次次去地坛,真真切切地感受史铁生的轮椅和笔触曾触摸过的一草一木。字里行间,漫溢出一个人对另一个人的体恤与爱怜、一位作家对另一位作家的仰望与珍视。或者说,一个作家文字里流淌的真性情,激活了另一个作家的率性和坦荡。

不管是铺写日常生活、表达真挚情感,还是展现率真性情,上述作品大体具有如下审美特征:

其一,真实性。从艺术表现的特质看,散文是最具"个人性"的文体,一切从自我出发。或者说,散文就是写作者的"自叙传"和"内心独白"。这就决定了散文的内容,其人、事、情、景等皆具有真实性,甚至可以一一还原。当然,真实性在散文中呈现的状态是开放、多元的,与虚假、虚构相对抗,尤其体现在表象的真实和心理的真实。不管是客观、物化的真实,还是主观、抽象的心理真实,只要是因"我"的情感涌动而吟唱出的"心底的歌",就无碍于散文的"真"。散文的真实,大多体现为客观的真实,即"我"亲历(耳闻目睹),"我"所叙述的"场景"实实在在发生过,甚至可以找到见证人。对事件的讲述甚至具有纪实性,与事件相关的人甚至可以与"我"生活中的某人对号入座。叙写的逻辑顺序为:"我"看见+"我"听见+"我"想到,即"我"的所见、所闻和所感，且多采取"叙述+抒情+议论"的表现方式。比如，林彦的《夜别枫桥》，少年的"我"先是遭遇父母离异，而后因病休学，独自客居苏州。那座始终沉默无语的枫桥，见证了"我"在苏州的数百个日日夜夜。那些萍水相逢的过客，给予了"我"终生铭记的真情。

其二，美文性。少年儿童散文通常用美的文字，再现美的生活，营造美的意境，表现美好的人情、人性和人格，是真正的"美文"。比如，吴然的《樱花信》，语言叮当如环佩，景物描写美轮美奂，读来令人神清气爽，齿唇留香。"阳光是那样柔和亮丽，薄薄的，嫩嫩的，从花枝花簇间摇落下来，一晃一晃地偷看我给你写信……饱满的花瓣，那么嫩那么丰润，似乎那绯红的汁液就要滴下来了，滴在我的信笺上了。你尽可以想象此刻圆通山的美丽。空气是清澈的，在一缕淡淡的通明的浅红中，弥漫着花的芬芳……昆明人都来看樱花，都来拜访樱花了！谁要是错过了这个芬芳绚丽的节日，谁都会遗憾，都会觉得生活中缺少了一种情调、一种明亮与温馨……"安宁的《流浪的野草》，文字素面朝天、洗尽铅华，彰显了空灵、曼妙、清丽的情思。"燕麦在高高的坡上，像一株柔弱的树苗，站在风里，注视着我们的村庄。有时，她也会背转过身去，朝着远方眺望。我猜那里是她即将前往的地方。远方有什么呢，除了大片大片的田地，或者蜿蜒曲折的河流，我完全想象不出。"

其三，趣味性。少年儿童生活色彩斑斓，充满了童真、童趣。少年儿童散文不论是写人、记事，还是抒情、言志，皆注重生动活泼、趣味盎然。与此同时，人生中的诸多真谛自然而然地流淌于字里行间，从而使文章具有超越生活的理趣，既提升了文章的境界，又能陶冶阅读者的性情。比如，王兆胜的《名人的胡须》，用瀑布、白云、大扫帚、括弧、燕子等各种事物类比各个名人各具特色的胡须。稀松平常的胡须看似可有可无，却有着不同寻常的意义。古今中外名人与胡须的逸事，读来令人莞尔，幽默、风趣的笔调里蕴含着举重若轻的哲理。张丽钧的《兰花开了18朵》，"我"时常和蝴蝶兰说话，如母亲的斥责，似闺密的呢喃，像恋人的娇嗔，满满的人间情怀里渗透着天然的机趣。"我家这株蝴蝶兰，真真是个慢性子——一簇花，耗费了整整66天的时间，才算是开妥了。从2月24日到5月1日，总共开了18朵花，平均3.67天开一朵。我跟她说：'亲呀亲，你可是我拉扯大的呀，咋这脾性半点儿都不随我呢？这么慢条斯理地开，你是打算把全部春光都占尽了吗？'"

　　散文创作通常与作者的亲身经历密切相关，尤其注重展现真性情，因此散文抒写的往往是个人的心灵史和情感史。这些散文作品不单是中学生写作的范本，还是教导中学生为人处世的良师益友！

2022年10月18日

于北京师范大学

序 言

曹 旭

本书六辑,写的都是新鲜的东西,流动的东西,我体内的东西;是生命的熔岩,走到哪里,流到哪里,每一次流出,都有我悲伤和欢乐泪水的温度。

一

生命只有一次,妈妈只有一个,我们都是妈妈生的。

但是,当初在妈妈肚子里的感受,已经没有人想得起来。我儿子在他妈妈肚子里最初的状态,是用医生给我的木喇叭,听出,除了他妈妈的心跳以外,还有另外一个心跳,怎么有两个心跳?让我吃了一惊,感觉天下将要发生大事变。

儿子出生了,那是上帝为了延续生命,觉得两人世界太单调,故意派一个儿子或女儿来添乱。

孩子出生了,他们的本性,是善的,还是恶的?其实可以做实验。我的实验结果,不是什么"善"的"恶"的,而是一切生物、动植物存在于这个世界,都是利己的,儿子也一样。所以,人和人在一起,要制订规则，那就是道德。道德可以利人，让人变成"善"；让人在"利己"和"利人"的两极平衡。

二

一个人，很多东西与后天学习、环境影响有关，也与遗传有关，有其父必有其子。

儿子的习性，他的爱好，他的聪明和痴顽，其实是父亲小时候习性、痴顽的一部分。作为小学生的情景，很多事忘了，但看儿子可以联想起自己的模本，譬如小学一、二年级，把书读丢了；我妈妈对我评论孙子说："穷嘴，和你（我）小时候一样。"由此知道，我小时候也喜欢不看场合乱说话。

父与子之间，充满乐趣。他们可以成为朋友，也可以成为对手。

父亲下棋的时候，我在一旁观战，由此熟稔兵法。后来父亲找我下棋，我们成了棋友兼对手。我喜欢摔跤，生了儿子，希望他也学摔跤，成为我的帮手，父子联合，共御外侮。

三

我小时候是祖母带大的，父母在上海打工，祖母和我在乡下。从那时候起，亲情就是我生命里的灯盏。

四十年以后，我怀念祖母：

我记得，每到晚上，祖母总会点一盏灯，把乡下的老屋照亮。

祖母的灯点不满屋子，因为光的一半，总被她用手遮住。

灯一点燃，风就追过来，满屋子的黑影，比人的脚步快。

为了走完从灶头到床头的一段路，祖母必须一手擎灯，另一只手呵护微弱的光豆。

我依偎在祖母身旁,行走在光的另一半里。抬头看祖母的脸,是一弯苦日子的下弦月。祖母的眼睛,因黑暗成了天上的星星。

祖母不点灯了,灯在她的脚边跳动着火苗。她躺在门板上,双目紧闭的脸,被一张黄纸盖住。

祖母的墓地里,长出一棵小树,树上缠绕紧紧不松手的藤,站立着一只会唱歌的小鸟。我是她的长孙,我已经长大;我很早就离开了故乡,习惯了一个人,在陌生的黑暗里,独来独往。

多少年的今天,我忽然泪流满面。因为我回忆起,乡下的老屋,满屋子的黑影和风;回忆祖母,用灯,点燃我——童年的光芒。

此后,我的父亲母亲,我的大姑大姑父、表哥,我所有的亲人,一路都是点灯的人,灯照亮了我,也温暖了我,人很大一部分生活在——"亲情的灯盏"里。

四

我们是特殊的一代人。"老三届""新三级"。一"老"一"新"是两个时代,两重天地。在我们这个喜欢以数字为标尺的社会里包含着苦难和欢乐,我们是被改革开放金水桶带出井底的癞蛤蟆。此后,无论衣食住行,都记录了我的蹉跎,我的迷茫,我的欢乐,我的悲伤——并强烈地打上书生的印记。"行"要防备小偷,"住"要与鼠争屋;舞蹈,跳成了摔跤;错位,是一生颠倒的纽扣。这在我的散文集《岁月如箫》里有充分的表达,此不赘。

我很喜欢"稻草人"的比喻,几乎每一个人都是别人的"稻草人"。最后的结局,是让与生俱来的野火焚烧,重新回到浑茫的喊不出痛的大地。

五

异域之眼是一副墨镜，戴墨镜的人，在异国的大街上边走边唱；异域之眼是一本相册，我用母语的栅栏，围住你的风景；异域之眼是一枚思念的月亮，照亮了你，照亮了我，照亮了千里故乡的脸庞。异域的眼睛，经常下雨一般地流泪。

在日本人的大海里，我们是一座孤岛。许多留日学生都有相同的感觉，我们创作诗歌、散文、小说，刊物就叫《荒岛》。

我将数次去日本京都大学和东京大学的感受写成散文，出版了散文集《客寮听蝉》。

我在《客寮听蝉》后记里说："客"是我的身份；"寮"在东瀛；"蝉声"寄托的，不仅是怅惘的乡愁，故土的思念，更是世事无常、人情冷暖的体会；是比听"蝉"、悟"禅"更痛切的一代知识分子对"精神栖居地"的求索。

这抒情的荒年，也许更能成为我文风意象的符号吧！

六

"心似双丝网，中有千千结"。江南——就是我心灵"双丝网"上的"千千结"。

我生于江南，老于江南。纵在天涯海角，总是忆你。在遥远的京都的三月天里忆你；在飞着风筝的清纯的三月天里忆你。摘一朵，京都的樱花，遥寄隔海的你。我渴望得到一片柳叶，一片江南的柳叶，一片卷起来，吹出水乡船歌的柳叶；一片，和你脸庞同样秀丽的柳叶。

恨不能飞鸟一般，衔春思，穿行在你柳丝的倩影里。

此时，任京都的蝉，大阪的云，神户的灯，我忆的是——江南。小雨的江南，落花的江南。在东瀛，我病了，病于江南。

七

以上内容，既是本书内容，也是我一生的心事。

必须说明，我是做学术工作，在大学里当教授的。我研究的是六朝文学、近代文学、古代文论和域外汉学。虽然那也五彩斑斓，声、光、化、电，光怪陆离，既有趣，也快乐。但是，那是我研究别的时代和别人的。所写的文章，一是清理前世的真相；二是解决古、今人没有解决的问题；三是揭示哲学上的逻辑和规律。对自己日夕相处的生活，却熟视无睹。即便有感触，也默而存之，口不能言。像一个抠门吝啬的人，花销了大量的生活和生命，却没有用文字留下自己的喜怒哀乐。

想为生活留下雪泥鸿爪，并把它看成使命一般伟大工作的我，崇敬鲁迅，崇敬鲁迅的时代，崇敬和向往既能做学术、同时能创作诗歌、散文、小说，又会翻译的学者风范和人格精神。

我像一头在"学术磨坊"里的牛，走出栅栏，面对生活的原野，啊！数不清的花草、牛羊、山峦，在笔下一起欢呼。

八

我努力用文字，把陌生的变成熟悉的，又把熟悉的变成陌生的。我写作，是为了告诉你，我心里无法埋藏的东西。

写作是一种深潜海底以及飞行太空的旅游；是不必买票，想去就去；是直通世界各国的护照，是面对稿纸或电脑文档就进入风景名胜的观光；是年年都可以回到故乡和亲人晤谈的阿里巴巴。现实中的人，用真名讲假话；虚拟中的人，用假名讲真话，我都不喜欢，我喜欢用真名说真话。

面对沸腾的生活，面对让我感动的东西，我会怀着诚挚美好的感情，用发烫的脸庞紧贴它，用斑白的发丝磨蹭它；用笔描绘它，用手机抓拍它。

为了写好散文，我们必须真实地生活，抒情地生活。事实上，生活里有太多的杂质，犹如硬币，忧患是快乐的另一面，为了得到快乐，必须支付忧患。同时要发狂、发痴、发疾。好文章发自童心，发自真性情，不加雕饰，与语言无关。

九

很忙的你，现在读我的文章，这是冥冥中的缘分，我为你合十。

我希望用简洁、朴素、自然、高雅、虔诚的文字，在我心里点一炷心香，让我们灵魂的气息相互贯通。

我要用美丽的鲜花，为我经过的每一个驿站命名，我会记住这些名字，并与读者携手同游，芬芳一路。

2022 年 1 月 31 日星期一
大年夜于伊莎士花园 55 号

目录 CATALOGUE

/试卷作家真题回顾/

客寮听蝉 / 2

/试卷作家美文赏练/

躲在妈妈肚子里不想出来的人 / 8

你把爸爸妈妈隔成两个大洲 / 11

大眼睛妈妈和小眼睛儿子 / 13

我要在你的休息里，找到自己的休息 / 16

捉阳光 / 19

你真的懂事了 / 21

▶ 预测演练一 / 24

"我要把你们剃个光郎头" / 25

诸葛亮是除不尽的 / 28

忆流萤 / 30

萤赋 / 33

捉蟋蟀的男生 / 37

斗蟋蟀的孩子 / 42

蟋蟀王之歌 / 47

费老头的小书摊 / 52

成长的冲突 / 59

我怕考试,我儿子也怕考试 / 65

▶预测演练二 / 72

老屋 / 74

供祖宗 / 78

祖母的红樱桃 / 83

祖母的棉花 / 87

父亲的木屐 / 90

父亲的花 / 95

我的大姑 / 98

▶预测演练三 / 103

稻草人 / 105

乘车遇偷记 / 109

养草书斋记 / 114

丝瓜 / 118

扁豆 / 124

▶预测演练四 / 128

《客寮听蝉》花絮四则 / 130

寮门和门前的静物 / 135

客舍枇杷 / 142

老寮生的风铃 / 147

换书 / 151

晕船 / 155

汉江看夜云 / 159

▶预测演练五 / 163

啊，南湾 / 165

梦雨 / 169

窗外那棵树 / 174

忆柳 / 178

忆江南 / 181

春子 / 185

▶预测演练六 / 194

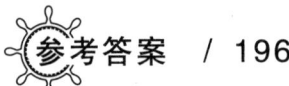参考答案 / 196

客寮听蝉

　　①蝉声潜藏的五月,枇杷黄了,满城都是风絮。梅雨,似长长的卷帙。随意而漫不经心地翻着雨天的卷帙:前卷雨,中卷雨,下卷雨。正寂寞闲愁,翻得腻透,忽然,卷末放晴啦,"吱"——喜听新蝉第一声。蝉,开始在绿叶间,怯生生地练习、试音,倏忽大集,于是万蝉齐鸣。

　　②清晨五点钟,我被一阵阵金属的合唱惊醒了。谁唤我?窗外有棵大树,五层楼高;我住三楼,齐树半腰。橙红的太阳从树顶照下,滤成绿色的光在枝间流动,一脉脉的透明。我的小窗,就筑在透明的绿里,像安在树间的一只鸟巢。推窗一看,哇!枝上挂着无数只金翼的小闹钟。

　　③大树成了琴,我的窗成了共鸣器,清越的声响,像在小屋里灌满了泉水。唱什么呢?从清晨到黄昏,一刻不停地唱。绿色的歌?西风的歌?爱情的歌?没有指挥,怎么能唱得那么齐?

　　④轻声问:"你们是哪里飞来的蝉?"

　　⑤寂寞的我,忽忆家乡屋后的那排高树,树上有不歇的蝉声:知宇——知宇——知宇——纯粹的花腔女高音,像美声唱法;比起来,你们吱——吱——吱——地漫吟,像在唱通俗歌曲。我注意到了:只要有你们在,就听不到鸟鸣,听不到乌鸦叫。在流行的季节风里,你们几乎独占了整个夏季歌坛。

⑥朝听、暮听，听多了，便喜欢你们的歌。你们和纺织娘竟是亲戚？怎么唱到后来，越唱越快，越唱越轻，越唱越急。突然洒一阵秋雨似的变了调：轧——轧——轧——地低唱，像促织求偶，游子漫吟，思妇轻声叹息，又像几片桐叶，飘坠深沉的古井：渐急、渐沉、渐轻、渐细，以至于无，忽骤然又起。

⑦我渐渐地成为你们的知音了，尽管你们的歌词，我一句也听不懂，但我深深地理解：在地下潜藏了那么多年，几经蜕变才脱颖而出的你，来到这个世界，就是为了歌唱。爬上最高的树枝，就是为了借西风把声音传得更远。假如不能自由地歌唱，你宁可一辈子住在黑暗里。

⑧饮枝间的晨风，喝高秋的清露。你们的生活够清苦的。何况，露多、露重的时候，湿了双翼，飞也飞不起来；风急、风高的时候，声音变调，唱得忽高忽低。并且，最先体验：五更的飞霜，比翼薄的世情。

⑨生在这个世界，本无所求，生活的意义，不在饮琼浆，喝仙露，而在于歌唱。假如生命是一首歌，就让它留给寂寞的世界吧！

⑩仰望枝间，倚窗听蝉，我的心里，耳朵里，全是你们的录音。窗是蝉声的世界。蝉唱，我也唱，动情地唱，唱远方的歌，思乡的歌，唱得万蝉齐和。每当这个时候，我会突然感到：自己也是一只小小的蝉，因翼短不能飞渡重洋而思念故乡的树。

⑪在这里，我们都是客。你客于树，我客于寮；你客于夏，我客于秋；你是天地之客，我是他乡之客；你属于造化，我乃是逆旅。我们共同的感受：一树碧无情，春归在客先。

⑫啊！整整一个歌季，是不是该唱的都唱了？在阵阵的秋风里，最后一曲应是《不如归去》。

⑬小居客寮，不期然与你们邂逅在异国的夏天；在整整一年的苦涩中，你们是我最愉快的记忆；客子淡淡的惆怅，被你们弹奏成秋天萧瑟的序曲。当大树凋零，你们就要结队地离开，消失在，被西风梳理过的秋柳之间，那时，我也要挟着我的琴弦归去。但是我会想你们的，一定会的。

⑭那时，我会回望云山而思念古都浓浓的秋。思念，我住过的，筑在树间巢一般的小屋和你们……

⑮万树蝉声！

（有删改）

【2017年山东省济宁市邹城市峄山中学中考语文模拟试卷（一）】

▶ 试 题

1. 对文章内容理解分析最恰当的一项是（　　）（2分）

A. 文章写蝉声，从初夏五月写到秋天，涉及蝉的整个生命过程，赞美了蝉"生命存在就要歌唱"的积极态度，也借此表达了自己的人生信念。

B. 文章开头化用古诗词，用枇杷、梅雨、风絮等意象，渲染寂寞闲愁，是为了引出第一声蝉鸣，勾起下文作者客居异国思乡的愁绪。

C. 第⑤段写蝉"几乎独占了整个夏季歌坛"，表现了对蝉鸣由喜爱到厌烦的情绪转变，使得文章富有变化跌宕之美。

D. 文章标题"客寮听蝉"，全文紧紧围绕一个"听"字，从听觉、视觉和触觉等多角度描写蝉和蝉声，用多种手法表现蝉声的丰富内涵，写出了对蝉声的个性化的体验，很有独创性。

2.从修辞手法的角度赏析下面句子的表达效果。（3分）

轧——轧——轧——地低唱，像促织求偶，游子漫吟，思妇轻声叹息，又像几片桐叶，飘坠深沉的古井：渐急、渐沉、渐轻、渐细，以至于无，忽骤然又起。

_____

_____

_____

3.请结合全文，谈谈"蝉鸣"在文中的意义。（4分）

_____

_____

_____

4.有人认为第④段这个句子，应该移到第⑨段之后，你认为如何？为什么？（4分）

_____

_____

_____

躲在妈妈肚子里不想出来的人

🌸 **心灵寄语**

> 触摸到你的心跳,我们很幸福。

你是一个躲在妈妈肚子里不想出来的人。

一

你比正常的出生期晚了十四天,躲在妈妈肚子里不想出来。因为在妈妈的肚子里最温暖,最舒服,最安全,不愁吃,不愁喝,是不是?由此证明你是个懒惰的孩子。

懒惰的孩子不爱动,和小表哥曹一鸣正相反。曹一鸣在妈妈肚子里的时候就翻跟头,竖蜻蜓,拳打脚踢地练武功,出来就是个孙悟空,敢大闹天宫,和比他大的孩子打架。被两个大孩子扛起来扔进垃圾箱,他自己会爬出来。

二

晚十四天的理由,我猜,是你喜欢睡觉,在空投的机舱里,把跳伞的时间忘了,闹钟闹不醒?

还是,通向人世的关卡太多,就像我们现在到外国那样,排队很长,手续很烦,检查人员要核对你的"入世许可证",还要查你的护照、登机牌;叫你脱皮鞋,把裤带也解下来检查,是不是?但那时,你还没有穿裤子,哪里有裤带?你没有穿鞋子,怎么脱皮鞋?

通道太复杂,你走岔了?小推车也不好使,一路走走停停,由此知道你是性子不急、喜欢一边走路一边看风景的人。

不管什么原因,你可把我们,把爸爸妈妈、爷爷奶奶、亲婆公公他们等得急死了,怎么还不出来?磨磨蹭蹭的,你在干啥呢?

三

当护士小姐用白色的被单包裹着你出来,对我们掀起被单的一角时,等在产室门外焦急的爸爸和亲婆全屏息住了。

"是一个大胖儿子!"护士笑吟吟地补充说,"很重,生不出来,最后剖宫产。"

我们张着嘴,合不拢,傻傻地盯着护士的脸,像听不懂她的话。

但我们还是看到了——初降人世的你,遍体通红,朝霞满面;缕缕黑发,像湿云挂在清晨的额上。

四

你像初生的幼鼠一般双目不安地紧闭着,也不看我和亲婆一眼;你初到人世的态度,是对整个世界,保持不说好也不说坏的缄默。

在刹那的惊愕与惊喜中,我突然紧张起来:是你吗?就是你吗?你是谁?一个初到我们家庭的陌生人,我不认识你。

在这个世界上,原本没有你,你是一个新人,一个刚刚出生的、和我有关系的新人——我最亲的人——儿子。

精彩赏析

文章是一个新手爸爸对自己即将出生的儿子说的话。有对迟迟不愿"见面"的小家伙的担心;有初次见面的惊喜和无措;有对儿子诉说不完的爱和感动。全文语言生动,诙谐俏皮,把晚14天出生的孩子说成是躲在母亲的肚子不想出来,表现了对孩子的无限喜爱。

你把爸爸妈妈隔成两个大洲

心灵寄语

> 孩子的到来，让家更幸福。

一

你像一座山脉，你把爸爸妈妈隔成两个大洲。

二

当你在妈妈肚子里隆起，再隆起的时候，我没有意识到，你正在进行一场伟大的造山运动。

生了你，一个星期后，爸爸和亲婆叫了一辆车，把你和妈妈从医院里接回来。

你横空出世，降生在我们家庭，就像绵延的大山在中间隆起，当中断裂，你成功地把爸爸和妈妈隔成两个大洲……

三

你增加了爸爸妈妈之间的距离，"离间"了爸爸妈妈的关系，改变了我们家庭的结构，引起了我们家庭的变革。从此，我和亲密无间的妻子之间，许多事情，都需要你来摆渡、来做中介人。

你变得越来越重要，你成了"主人"，我们成了"仆人"，我们都要"依附"你。

从此，由你稳定我们的三人世界：

你站在中间，爸爸和妈妈站在两头，你一手拉一个，不许爸爸妈妈随便走，不让爸爸妈妈漂流。

精彩赏析

文章巧用比喻，把刚刚出生的孩子比作大山，把孩子的父母比作被大山分开的两个大洲，表现了孩子到来后，家庭结构的变化。但是孩子在中间不让父母渐行渐远，既突出了孩子对一个家庭而言的重要意义，也表现了父母对孩子的爱。

大眼睛妈妈和小眼睛儿子

● 心灵寄语

> 每一只"丑小鸭",都是父母眼中的"白天鹅"。

大眼睛妈妈,怎么生下小眼睛儿子?

一

当你会说会笑,咿呀学语的时候,你小狗一般,绕在我们膝前,赶也赶不走。

儿子,你怎么成了"丑小鸭",怎么集中了爸爸妈妈的缺点?爸爸妈妈是双眼皮,你怎么会是单眼皮?妈妈眼睛那么大,你的眼睛怎么会那么小?

——爸爸妈妈都艰难地朝你笑着。

二

爸爸妈妈朝你艰难地笑的时候,看爸爸妈妈笑,你也咧开嘴,跟着笑。但你并不理解,爸爸妈妈在笑什么。

你知道爸爸妈妈现在笑什么,想什么吗?

此刻,爸爸妈妈正怀着丹麦作家安徒生童话《丑小鸭》中鸭妈妈的心情:"我们的丑小鸭,敢情被野猫子拖去了才好哩!"

于是,妈妈把责任推到爸爸身上,说:"你的小眼睛,是爸爸的遗传。"

对此,我只能苦笑,一点儿办法也没有。

三

为了你的荣誉,我们一次又一次推迟亲友来看你的时间,想等你长出双眼皮再拍照。但是,你的双眼皮就是迟迟不出来,只有刚睡醒的时候有那么一秒钟。

没有办法了,请大家都来吧,来看我们的小眼睛儿子吧。

亲戚也弄不懂,为什么妈妈眼睛那么大,你眼睛那么小?

四

我终于想起了,一定是妈妈怀孕的时候,要吃桂圆。

我去买桂圆的时候,亲婆叮嘱说,桂圆要拣大的买,大桂圆吃了儿子眼睛大,小桂圆吃了儿子眼睛小,我一笑置之,以为是迷信。

那时,爸爸没有钱,买不起大桂圆;再说,在我们生活的那个时代,所有的桂圆都不大。

妈妈说:"能省就省吧,小桂圆就小桂圆。"于是,买了小桂圆。

想不到,小桂圆真的吃出小眼睛儿子。

五

但是,祖母说:"男孩子,眼睛小一点儿好,要那么大干什么?眼睛小一点儿忠厚老实,我们不要眼大无光的。小眼睛的孩子聪明。"

祖母说过这句话，坏事成了好事，我们便一直把聪明的希望，寄托在你的身上。

精彩赏析

文章语言风格轻松幽默，当大眼睛妈妈生下了小眼睛孩子，孩子的父母就少不了一番打趣，说孩子是"丑小鸭"。在文章结尾作者通过祖母的话侧面表现了主题，换一种角度看问题，往往能得到不一样的答案。

我要在你的休息里，找到自己的休息

● 心灵寄语

> 蓼蓼者莪，匪莪伊蒿。哀哀父母，生我劬劳。蓼蓼者莪，匪莪伊蔚。哀哀父母，生我劳瘁。
>
> ——《诗经·蓼莪》

一

自你的出现，我们狭小的居室就变成了"联合国总部"——挂满了尿布的"万国旗"。

每天升旗的是妈妈，有时爸爸帮着升。

二

你的出现，使只会读书的爸爸必须同时兼做大禹做过的工作——"治水"。

每天晚上，黄流乱注，水墨淋漓，妈妈喊：

"快！快！快！尿盆！尿盆！"

但是，已经来不及了。尽管爸爸的动作越来越快，但没有用，爸爸的动作，永远也赶不上你的突然袭击。

三

你使爸爸一次又一次经受严峻的考验：除了治水、洗尿布、升"万国旗"，还要挨你的拳打脚踢。

你用手在妈妈的脸上胡乱涂抹，妈妈光洁的额上出现深深浅浅的线条。时间一长，洗不掉的时候，就成了皱纹。你小手乱抓，妈妈亮丽的秀发终于被你抓成随秋草飘荡的飞蓬。

四

你的出现，让爸爸必须天天看《西游记》。

因为你每天晚上都要演出"哪吒闹海""孙悟空大闹天宫"。

爸爸算是"玉皇大帝"了，但玉皇大帝也没有用，你是齐天大圣，是孙悟空，孙悟空是敢揪玉皇大帝胡子的。

五

你的哭声、笑声、闹声、啼唱声、吮吸声、呢喃声……破坏了原本属于我和妈妈的温馨宁静的生活。

地上：绒狗、响铃、奶嘴、尿布，乱七八糟，让人无法插足。

你不分白天、黑夜，你颠倒了昼夜正常的秩序。因此，我们必须学会，在你的昼夜里，找到自己的昼夜；在你的休息里，找到自己的休息。

六

妈妈把红润给了你，自己枯黄起来；爸爸以后要离开这个世界，为了把位置留给你。

\试卷上的作家

爸爸摇头苦笑的机会多了，妈妈操劳更憔悴了——这就是当爸爸妈妈的代价吗？

精彩赏析

养育孩子是极其辛苦的，作者用诙谐幽默的语言把这种辛苦完美体现出来。在文中，挂尿布成了"升旗"，打扫孩子的尿成了"治水"。爸爸还要每天晚上看孩子演出"哪吒闹海"和"孙悟空大闹天宫"的戏码。但这些"苦差事"都能让父母乐在其中，体现了父母对孩子浓浓的爱。

捉阳光

心灵寄语

> 我们学会了劳动,学会了坚强,更应该学会感恩。心怀感恩与爱,心中就会充满阳光。

咦,阳光哪里去了?

一

年初一,我们给七十多岁的陈爷爷拜年。

那天天气很冷,一束黄油般的阳光,带着轻柔的尘雾滚动,从底楼烟筒出气口斜斜地射入室内。

二

你,蹒跚地上前,伸出手,觉得很暖和。
于是你用双手抱住光柱,抱不住;
你用双手拍它,拍不碎;
你用嘴咬它,咬不坏。
于是,你用小手一掬一掬地捧着阳光放进口袋。装满了,走了几步,离开光柱,阳光又没有了。你手伸进口袋找不到,翻遍口袋找不到,把口袋布翻过来,也找不到。于是,你又重新走向光柱,用手捧,但一转身,阳光又没有了。

逗得陈爷爷全家大笑。

三

陈爷爷弯下腰来问:"小朋友,你在干什么?"

你说:"我在捉阳光。"

爷爷问:"你捉阳光干什么?"

你说:"捉一点儿阳光带回去,给妈妈暖和暖和。"

满手的阳光,一转身,又没有了。

"咦!"你问,"爷爷,阳光到哪里去了?"

爷爷说:"好孩子,阳光全部到你心里去了。"

精彩赏析

文章语言清新淡雅,朴实自然,"一束黄油般的阳光,带着轻柔的尘雾滚动"形象地表现了阳光的特点,富有美感。本文第三节陈爷爷巧妙回答了"阳光到哪里去了"这个问题,表现了主题,呼吁读者让心灵沐浴在阳光下,把爱传递给身边的人。

你真的懂事了

● 心灵寄语

真正的成长是心灵的成长，懂得关爱身边的人。

一

你躺在床上不肯起来。

你伸出小手，要爸爸把你拖起来，爸爸拖了。

但爸爸使了一个小诡计，拖到一半，突然松开手，让你摔倒在床上。

你"哇——"的一声哭起来。

你也许想，自己那么信赖的爸爸，竟然欺骗了你。

二

第二次，爸爸仍然伸出手，让你抓住，再拖，还是突然松开，你又摔倒了。

你怔了一下，不哭了。

三

第三次,还是拖到一半,再让你摔倒。

你"咯咯咯"地笑起来。

你终于明白了,这不是爸爸欺骗你,而是让你知道,世界上有这么一件事,叫作——"开玩笑"。

你觉得好玩,以后就经常躺在床上,故意不起来,要爸爸拖。

爸爸把你拖起来,你不满意,故意再倒下去,要爸爸拖到一半,再松手,让你体会开玩笑的快乐。

四

其实,第一次,意想不到时,是快乐的。现在知道我会松手,你已经有了准备,假装倒下去,像演戏,没有意外的惊喜,就不快乐了。

这么简单的游戏,爸爸觉得没有意思,不做了。但你觉得有意思,一遍又一遍地要爸爸做。由此,爸爸认识到,你是个善良、软弱,容易被欺骗的重感情的孩子。

五

多少年过去,爸爸已经忘记和你做过的游戏。

有一次,爸爸腰疼,妈妈喊"吃饭"。

爸爸躺在床上,伸出手要你拖,爸爸没有想到,你拖到一半就松手,让爸爸毫无准备地摔倒在床上。

爸爸真要你拖起来,你还是松开手,一遍一遍看爸爸摔倒的样子笑。

六

日子过得真快,你已经像一竿新竹,超过了围墙,你的个子已经比爸爸高。身体是长高了,但不知道你是不是真的懂事了?有两件事可以检验出来。

一是,以前爸爸说,一百个不同的国家,有一百种不同口味的菜。

你勇敢地说:"我要在一百个国家,讨一百个老婆,烧各种不同口味的菜给爸爸妈妈吃。"现在,重提起这句话,你满面通红。

二是,今天吃晚饭前,爸爸又故意躺在床上,说腰痛,伸出手,要你把我拖起来。你真的认真、用力,又很温和地把我扶起来,没有到一半就松手。因为你知道,那样会造成意外的伤害。

爸爸明白——你真的懂事了。

精彩赏析

作者用细腻的语言讲述了孩子身心成长的过程,其中最能体现孩子心灵成长的,是他懂得了父亲已经变老,会温和、认真地把父亲扶起来。结构上前后呼应,开篇是父亲扶孩子起来,结尾是孩子扶父亲起来,这种身份的互换暗示着父亲在变老,孩子在成长,但不变的是父子间的爱。

预测演练一

1. 阅读《你把爸爸妈妈隔成两个大洲》，回答下列问题。（5分）

（1）作者所说的"造山运动"，其实是指的什么？（3分）

（2）联系上下文，分析"你站在中间，爸爸和妈妈站在两头，你一手拉一个，不让爸爸妈妈渐行渐远"。（2分）

2. 阅读《大眼睛妈妈和小眼睛儿子》，回答下列问题。（3分）

作者是真的嫌弃孩子的眼睛小吗？

3. 写作训练。（30分）

我们带着父母的期待和爱来到这个世界，他们为我们遮风挡雨，护着我们一路成长。写首小诗表达对父母的感激和爱吧。不少于六行。

"我要把你们剃个光郎头"

心灵寄语

> 童年如一条小河,在我们的心中流淌着,永远不会干涸,我们也永远不会忘记。

儿子要上小学了。真是又快乐,又紧张。

一

下午,我们一起去附小报名。

阳光下,我和爱人、孩子手拉手去附小,我还带了照相机,要把属于儿子的神圣时刻记录下来。

二

报名的地点在小学礼堂,座位上坐着一排老师。

算术老师拿出几根小彩棒,先拿一根,再加一根,问:"小朋友,1加1,等于几?"

儿子说:"等于2。"

算术老师又拿了两根加在一起,问:"2加2等于几?"

\ 试卷上的作家

儿子回答:"等于4。"

算术老师说:"对。很好,很正确。"

老师拿出了两张图画,指着一张画着房子的图画问:"小朋友,你看这房子上少了什么?"

曹迪民一看,这房子上没有门,就说:"房子上少了一扇门。"

老师又拿出一图,图上画着一把尺,问:"尺上少了什么?"

曹迪民一看,回答说:"少了刻度。"

老师说:"对,对,对。"

体育老师叫曹迪民举举手,抬抬脚,做了几个动作。儿子嘴啰唆,动作不好,但也过关了。

三

轮到语文老师。说:"小朋友,你说读书好,还是看电视好?"

我举起相机,想留下这个值得纪念的镜头,发现儿子的脸上有一丝坏笑。

也许他觉得,读书和看电视并不矛盾,不是读书就不能看电视,也不是看电视就不能读书,可以又读书又看电视的。

同时,读书和看电视,不是好不好的关系,因此,坏笑了一下。

但是,他知道,语文老师是希望他说"读书好"的。因此,他就顺着语文老师的思路说:"读书好。"

"好,很好。"语文老师很激动,想继续启发孩子学习的积极性,就问,"那你长大了要当什么呢?"

四

这个问题,语文老师应该不止一次地问过来报名的小朋友。小朋友也不止一次地回答过:"工程师、老师、科学家、解放军、飞行员。"老师都听习惯了,但那是口试的考题,所以明知故问。

曹迪民的脸上又露出坏笑。也许他觉得,这里面的幽默更多了。便信口回答:"我长大了要当理发师。"

所有的人都笑了。

语文老师、算术老师、体育老师都没有想到,这个孩子长大了竟然想当"理发师",因此兴趣都来了,便一起围上来。

五

曹迪民人来疯,人越多,他越来劲。

老师们饶有兴致地问:"小朋友,你长大了为什么要当理发师呢?"

曹迪民说:"我要把你们,统统都剃个光郎头!"

我的相机快门按到一半,突然卡住了——

老师们"哇——"的一声,全都跌坐在椅子上。

——这个小朋友,是个狠角色!

精彩赏析

本文讲述了作者陪儿子报名上小学的有趣故事,语言清新活泼,朴实自然,让一个天真、淘气的孩童形象跃然纸上。在谈到未来想从事的职业时,孩子语出惊人,想成为一位理发师,目的是把老师们都剃成光头,让人忍俊不禁。

诸葛亮是除不尽的

心灵寄语

孩子的童言童语，真是让大人们意想不到呢。

一

曹迪民喜欢上语文课，不喜欢上算术课。但有的时候，他又喜欢把算术问题拉扯到语文课上来。

二

语文老师上课说："人多力量大，众人拾柴火焰高；三个臭皮匠，抵一个诸葛亮。"意思是，只要大家齐心协力，三个普通人，也能抵一个诸葛亮式的聪明人。

同学们都明白了这个道理，没有人提出疑问。

只有曹迪民有疑问，他举手了。

三

语文老师问："小朋友，你有什么问题？"

曹迪民说:"老师,你说三个臭皮匠抵一个诸葛亮;那么,我问你,十个臭皮匠,抵几个诸葛亮?"

老师没有想到,这个小朋友突然把算术问题拿到语文课堂上来。心里想,我是语文老师,又不是算术老师,十个臭皮匠抵几个诸葛亮是算术问题,叫我怎么回答?他愣在了那里。

四

曹迪民说:"嗨嗨,我知道你的诸葛亮是除不尽的!"

数字除不尽,可以有小数点,10除以3等于3.3333……一直延续下去。但是,诸葛亮是人,人不能分割。不可能有半个诸葛亮,或者0.3个诸葛亮。所以,曹迪民一问,小朋友都笑了。

曹迪民语文不好,算术也不好,但是,他出的题目,把语文、算术混在一起,让老师回答不出,全校都知道了。

精彩赏析

"三个臭皮匠抵一个诸葛亮"是一句俗语,是指人多力量大,集思广益能发挥出巨大的作用。文中的曹迪民把理科的思维用到了语文课上,体现了他思维的活跃。作者用生动活泼的语言讲述了这件事,表现对儿子的赞赏与爱。

忆流萤

● 心灵寄语

> 当我享受着四季的友爱时,我相信,任什么也不能使生活成为我沉重的负担。
>
> ——《瓦尔登湖》

流动的萤火啊!我永远忆你。

一

终于告别七月,告别螽斯、螟蛉和蜩螗。告别所有会爬,会飞,会鸣叫,整天在树上开会、歌唱、辩论,比谁的说话声更响的昆虫;告别不期而遇,一起度过夏天的好朋友;告别捉天牛、蜻蜓、萤火虫,赤膊的、穿短裤衩的、桑荫下玩泥巴的兄弟们。

去上海啦!由于走得匆忙,在七月以前,在天牛、蜻蜓、萤火虫还没有出现,没有飞翔,没有歌唱的时候,我对谁都没有宣布,独自提着小藤箱乘火车走了,没有留下一丝踪迹。小伙伴们后来才知道我去了上海;但天牛、蜻蜓、萤火虫不知道,不知道少了一个捕捉它们,与它们一同嬉戏的顽童。至少,在今年夏天到来之前,我流萤般地走了。

二

在乡下读完小学四年级以后，我就离开祖母，离开乡村七月，来到父母身边读书，做了绿豆芽般的城市人。

城市是一座热岛，是一只蒸笼，是一首断了弦的变了调的乐曲。

汽油味代替了花香，机器声代替了鸟鸣，烟筒代替了大树，水泥覆盖了田野。大树砍伐，水土流失，沙尘暴施虐，赤潮泛滥。

春天只是一片朦胧的烟雾，太阳满脸病容地升起在垃圾山的后面。

那些在蟋蟀声的引导下，在阡陌上、草丛中、小河畔，在垂杨留影的黑暗里追逐光明的日子，那些捉住萤火虫关进小竹笼里当灯用的时代，都一去不返，神形俱无，光影俱灭，不可复寻；所有微光，只留在我的记忆里。

我只能靠回忆，维持萤在我心中的那一片光芒。

三

自从离开故乡，我就再也没有走过夜路，没有绕过坟茔，没有捉过天牛、蜻蜓，没有见过萤火虫，儿时突然看见它们的那份激动和惊喜，童年的那份虫趣，像绝迹了的虫一样，从它的纲目里永远消失了。

我担心，再回到故乡的小河边，大量使用农药的今天，天牛越来越少了，蜻蜓越来越少了，萤火虫也越来越少了。

城市和自然形成了悖论，餐桌上虽有咸鱼，终唱涸辙之歌；喜庆的爆竹虽然高兴，终非生命的本源；霓虹灯纵然绚丽多彩，终是金钱的奴仆。

四

而，故乡的七月，夏夜的星空，因萤而美丽。

因为萤的飞舞，光芒才扰乱了星空的秩序。捕捉流萤，像捕捉梦幻、捕捉游思。

什么时候才能回到童年的夏夜，回到令人怀念的乡村，回到竹榻上祖母的故事里呢？

五

我，静静地依窗，回忆故乡的流萤，回忆我从乡间走过来的路——我一生都背着萤一般光明的行囊。

精彩赏析

文章语言富于诗意，讲述了作者美好的童年往事，在桑荫下玩泥巴，同各种昆虫嬉戏，表现了作者对童年的追思。"流萤"代表着童年，题目"忆流萤"可以理解为追忆童年。作者在文章结尾写"我一生都背着萤一般光明的行囊"是指美好的童年回忆是作者一生的宝贵财富，既升华了主题，又使文章在结构上前后呼应。文章的另一个主题是呼吁人们保护自然，回归自然，作者在文章第二、三节运用对比的修辞手法，表现了对城市环境的不满，表达了对田园生活的讴歌与向往。

萤 赋

🌸 心灵寄语

> 深夜的黑暗中，万籁寂静，自由飞舞的萤火虫像是宇宙中的星光，如梦似幻。光点虽微弱，但倔强且勇敢的它，始终向黑暗发出挑战。

流萤，你是一粒流动的金沙。

一

你飞进我的眼帘，又飞出我的眼帘。在夏夜窗前，在冥冥的黑暗中，我注视着你的流动，追随你光明的尾巴。

你忽上忽下、忽高忽低地飞着，像一只半明半暗、绿荧荧的灯笼在风中摇曳；你那么稚嫩，那么微弱，刚学会飞就独行侠般地出游，我注视你是担心你，一如担心走夜路的自己。虽然担心是多余的，风吹不熄你，雨浇不灭你；你独超众类，因为光明是你的生命，是你的生活方式，你是光明的精灵。

二

你舞动的姿势，怎么竟像彗星的姿势？

当轰轰烈烈的大爆发后动乱的彗星带着狮子座的流星雨横扫天际，起义失败以后万星飞迸，来不及撤退的你们便四散开来，化为生命的萤，飞翔在乌夜啼梦呓的角落。

也许，在宇宙大爆发，质子和核撞击释放出巨大的能量以后，你们便逃过缉拿，像越狱的犯人与太阳的碎屑在一起，爬出带铁丝网的高墙，纵身跳下微茫的天河，划过悠悠的长夜，舞落在幽昧难明的草丛中？

这些，都已属于远古的记忆，你们的祖辈也忘记了，不再提起。

三

今夜，你与月光有约？你用露水洗过澡，换一身新鲜的衣裳，怀抱清光，做夜的游行。

没有准备，也没有方向；携一只装满精华的小瓶，你就随便出门。在浮不起梦幻，沉不了纸船的夜里，一群一群，一点一点，忽高忽低地划破夜色，一直飞到翅上沾满露水才休息。

当你无声无息地飘过万籁俱寂、庭院深深的墙边，我看见你瓶中生命的歌，那绿荧荧的火焰；在扬花比影子更透明的夜色里，你快乐地歌唱，快乐地飞翔，以轻盈的舞蹈，舞成自由自在、无忧无虑的蓝精灵。

四

镜头正对准你们，当你们结伴，轻盈地飘过墙根，那是《长恨歌》里打着灯笼的宫女夜行，一前一后，一明一灭地消失在黝黯长廊的尽头；当你沉重、迟缓地绕着石阶飞翔的时候，你像一个忧国忧民的诗人，寻觅真理和诗章，不懈地努力追新，任重道远，薪尽熹微。

五

你总是小心翼翼地避开太阳，因为你知道，拥有太阳般显赫耀眼的人是瞧不起你的；月光的晚宴上，你才能翩翩起舞。

在亿万兆光明的排行榜上，你只经营小小的光芒。但你并不自卑，也不嫉妒。因为你知道，光明是永恒的，光明会以不同的形式永远存在。

你是一个志愿者，你参加了夏夜火炬的传递——

当太阳沉没，光明由月亮继续着；月亮隐退，光明由蜡烛继续着；当蜡烛熄灭，光明由你继续着。你一直把光明交给天亮才休息。你明白，只有在太阳、月亮和蜡烛都不在场的时候，你才会露面，对光明作一点小小的补充。

六

当红太阳陨落，众星骇然隐没，万物缄默不语，宇宙只有天狗的叫声，四周像碰壁的墙，像闭上眼睛永远不睁开的黑暗，你突然从远方游来，用憔悴点燃自己，点燃——无用之用。

你以自己的火，把光明凸现在人的思想里。从此我的心路，就有一盏不灭的萤灯。

精彩赏析

　　文章以优美诗意的语言盛赞在黑夜中发光的萤火虫，它不会被风吹灭，也不会被雨浇灭，不自卑也不嫉妒，默默在黑暗中发着微弱的光。作者在文章第三、四节把萤火虫巧妙拟人化，赋予它们人的特质，生动表现了萤火虫独特的习性和崇高的精神。文章结尾作者赞美了萤火虫的奉献精神，它燃烧自己的生命为别人带来光明，这种品质对作者一生都产生了深远影响。

捉蟋蟀的男生

● **心灵寄语**

> 童年是一条涓涓的小溪,它总是朝着心中的海洋激昂澎湃地流去,一路上汇聚成江河,滔滔不息。

男生和女生,从小学就不平等。

一

女生听话,功课好,老师喜欢女生,尤其是喜欢穿戴整齐,长得好看的女生。

我们是一群衣冠不整的脏兮兮的小男生,都是丑小鸭。但我们有我们的乐趣。

我们的乐趣,和女生不能分享,和老师也不能分享。女生的乐趣是踢毽子、跳橡皮筋,我们的乐趣是捉蟋蟀、斗蟋蟀。

这是"黑头将军",还是"红头元帅"?"竹管筒"怎么做?"蟋蟀草"怎么用?他们都不懂。

二

开始的蟋蟀,大多数是买来的,卖蟋蟀的地方很多,比较集中的有大菜场、小菜场，都是我向往的地方。在那里，白菜卖完卖蟋蟀，大人回家孩子来。

在一片空地上：一个摊子，六个孩子，几只草盆，七八只蟋蟀，站的、立的、蹲的，那种构图，像贺友直的连环画。

最便宜的小蟋蟀，五分钱一只，但是我们是连五分钱也拿不出的，只能听听蟋蟀的叫声为快乐。

于是商量去捉。大扁说，要去郊区有大蟋蟀的地方捉；二扣子说，要去蟋蟀多的地方捉。但哪里的蟋蟀才又大又多呢？

大扣子说："七宝。"七宝的蟋蟀须长、腿粗，力气大，斗的时候，是"地板牙"，像推土机似的，把对方的"朝天牙"顶到盆边一摔，对方就不能动了。好，好。我们摩拳擦掌，跃跃欲试。

三

那时大热天，没有空调，我们都睡在弄堂里。天还没有亮，我们就偷偷起来，带上准备好的手电筒、竹管筒和捉蟋蟀的丝网出发；没有竹管筒的孩子，带几只火柴盒，一只火柴盒装一只。

到了郊区，天还没有亮。也不知道是不是"七宝"，满地蟋蟀叫，不知道在哪儿。

《十万个为什么》上面写："听蟋蟀鸣叫时，要捂起一只耳朵，否则你无法确定蟋蟀到底在哪里。两只耳朵一齐听，结果，四面八方都是蟋蟀。"我们是看过《十万个为什么》才来的。

四

打着手电筒，借着星光，在农民的屋前屋后和田里转来转去，听蟋蟀的鸣叫确定方位。

声音就在一块断砖底下。

初次往往没有经验，翻砖的时候，用力过猛，经常是砖一翻开，蟋蟀就蹦跳出来，无影无踪，或者，钻到更深的草丛里去了。因此，必须小心翼翼地翻，这使我们对每一次声音、每一块砖、每一只破瓦罐都充满了美好的期待。

五

蟋蟀喜欢躲在墙根儿，或是瓜棚豆架下面，捉蟋蟀的时候，要挖农户家的墙脚；或者在瓜棚豆架下面展开围剿，几把螺丝刀一起开火，挖的挖，拔的拔；有的蟋蟀很狡猾，躲在洞里不肯出来，我们就用"水淹七军"的方法。

没有水的时候，我们就把大家叫来，围成一圈，对着蟋蟀洞撒尿；那时，蟋蟀就会跳出来，捉住一只带尿的蟋蟀，也是合算的。因此，捉蟋蟀不能带女生，你就知道原因了。

只要运气好，一个晚上，总能捉个八只、十只的。

为了捉蟋蟀，我们付出的代价也不小，脸上经常被毛毛虫刺得红一块紫一块的，也不知道在哪里遇上刺毛虫，只觉得脸上又痒又痛。

有时，蟋蟀没有挖出来，挖出条蜈蚣，长着数不清的脚，爬到裤脚管上，吓了我们一跳；有时挖出一条蛇，胆小的孩子便"哇啊——"的一声，站起来就跑，连捉蟋蟀的工具也扔下不要了。

六

我们捉过蟋蟀的地方总是一片狼藉，瓦罐子碎了，农具四脚朝天，瓜豆根翻出来，农户的墙角被我们挖出一个个不大不小的洞。

狗一叫，农民就起来捉小偷。简直像一幅连环画——农民在后面追，我们在前面逃，绕着圈子，从一个村子逃到另一个村子。

天大亮了，我们带着"战利品"一路学蟋蟀叫回到家。因为竹管筒太窄小，蟋蟀关在里面无法伸展，时间长了会丧失战斗力。因此，回家赶紧将竹管筒和火柴盒里的蟋蟀，一只一只地往空茶缸里倒。一只器皿倒一只，否则它们在一起要打架。倒完了，在茶缸里面放上毛豆、辣椒、米粒和水，款待一下。

在战斗之前，让它们养一养。

七

倒的时候，我们脸上的表情比捉蟋蟀还紧张；不是怕蟋蟀逃走，而是太遗憾了。

每倒一只，我们就会"哎呀"地惊呼一声，伴随着"倒霉、倒霉……"。

——因为捉住的，总是小蟋蟀；逃走的，才是大蟋蟀；那些虎头金刚、紫牙狰狞的大蟋蟀，我们越是想捉，越是捉不到——生活里总有这样的遗憾。

八

养蟋蟀要有盆，我没有盆。直到小学毕业，才用妈妈给我看小人书的钱，买了一只廉价的泥瓦盆。

精彩赏析

　　文章语言风趣幽默，充满童真，将孩童的天真无邪刻画得淋漓尽致。本文重点描写的是抓蟋蟀的过程，在天还没亮的时候，孩子们就"打着手电筒，借着星光，在农民的屋前屋后和田里转来转去"，这样的描写形象地体现了他们对蟋蟀的痴迷。他们掀起断砖，"围剿"豆架，"水淹七军"，即便被刺毛虫蜇到、被蛇吓跑了，也没有停下抓蟋蟀的脚步。总观全文，作者为我们描绘了一幅生动的捉蟋蟀画面，文章情节紧凑，结构完整。

斗蟋蟀的孩子

🌸 心灵寄语

> 斗蟋蟀的孩子大都勇敢，见义勇为，有牺牲精神，只要听到有人需要帮助，就蟋蟀般地向前冲。

一

斗蟋蟀开始了。

"让开！让开！让开！"

"喂！请你让开点好不好？"

但尾随的孩子太多，你推我挤的，怎么让？

斗蟋蟀的孩子只好用头顶开人群，把盛蟋蟀的茶缸和盆端出来。

虽然是孩子，但蟋蟀已经斗了好几年，都很有经验了。我们在斗之前，会不慌不忙地在盆底垫一层草纸，铺一点细沙土，模拟自然场所；让捉到泥盆里的蟋蟀，感觉是在瓜田豆叶下相遇一样。

二

好的蟋蟀不用"丝草"拨弄，它们在盆里用长枪一扫，发觉对方存在，冲上去就咬。

斗了不到一个回合，虚荣心强的一方就"曜曜曜"地鸣叫起来，也许知道并非自己胜利了，而是想用自己的强悍恐吓对方，让胆小的退却，可以不战而胜。但不怕恐吓的根本不理会，低着头，沉着迎战。

有的蟋蟀还会用计，装出胆怯或战败转身逃跑的样子，等对方追上来，它会后腿突然一蹬，把追的家伙蹬个肚皮朝天。但吃亏的爬起来，更是满腔怒火地冲上去讨个说法。

双方六爪撑地、长须飞舞、利牙开张、交错厮杀、跳跃腾挪。在厮杀的期间，双方都要鸣叫几次以鼓舞士气；稍占便宜的一方，还会在战斗的间隙跳到圈外振翅来一首庆祝的歌。失败的蟋蟀一拐一拐地绕盆逃跑，这蟋蟀的主人也脸如土灰。

假如是"斗俘虏"，输了的蟋蟀归赢的所有；假如是"斗盆"或"斗"其他东西，输的一方，盆、铁罐、茶缸、竹管筒，甚至孩子穿的拖鞋、小背心都会被胜利者掳掠一空。

三

有的蟋蟀善叫，不善斗；鸣叫是内行，打斗是外行。屡战屡败，屡败屡叫，这样的蟋蟀孩子不喜欢，称它们是"叫蛐蛐"。

但叫有叫的好处，一叫，所有孩子的血都沸腾起来，就像看古代罗马竞技场角斗，又一次激动得把蟋蟀盆围得水泄不通。所有的人向前移动身子，上面的头一聚拢，一线天就没有了。

四

此时，下面斗蟋蟀的孩子总要高喊："开天窗！开天窗！"把四周的孩子推开。

　　但只要蟋蟀再一叫，两只蟋蟀一起叫，孩子的头又会重新围上来。斗蟋蟀的孩子顾不得输赢，只能大声喊："喂！喂！喂！头，头，头！请上面把头搬掉点好不好？"但头怎么搬？头生在肩上是搬不掉的。

五

　　其实，斗蟋蟀最忌讳的不是搬头，是呵气；一呵气，蟋蟀就会跳出来，逃走；或者在众人的追捕中，被手忙脚乱的孩子踩死。看到原来骁勇善斗的蟋蟀断胳膊、断腿，乌浆都踩出来，这时，会有一个孩子突然痛哭，失声地喊起来："你赔，你赔我的蟋蟀！"

　　另一个孩子会争辩："不是我踩死的，是它跳到我脚边的，你看见没有？我的脚没有动。"

　　你赔，怎么赔？赔是没法赔的，没有蟋蟀的孩子，又不能拿人赔。踩死了只好自认倒霉。

六

　　所以，斗蟋蟀前，一定要关照好："不要对盆里呵气喔！"

　　但谁会存心朝盆里呵气呢？因为斗蟋蟀太紧张，大家屏住呼吸看；被上面孩子压得太重的时候，下面的孩子会喊："吃不消了。吃不消了。"头碰到盆了，鼻子碰到蟋蟀的胡子了。此时，不是呵气，是喘气。

　　一喘气，蟋蟀也跳盆。或者逃走，或者被踩死。

七

斗蟋蟀不能人太多,你看到了。我斗蟋蟀就两个人,在家里斗。这个时候,重要的是,蟋蟀要验明正身。

有一次在家里,我没有经验,一个捣蛋鬼用手捂住竹管筒,只给我看它的两根长须。

等倒进盆里,我的蟋蟀张牙舞爪,冲上前去,准备格斗,但对方不斗,只在盆里乱窜,我的蟋蟀摸不着头脑,不知道怎么回事——原来对方是只蟑螂。

蟑螂不会斗,但会跳,蟑螂跳出来,蟋蟀也跳出来,我赶忙去抓。结果蟋蟀没抓到,蟑螂已经钻到我家厨房里,最紧张的是妈妈,她说,家里原来就有蟑螂的,现在又多了一只。

八

斗蟋蟀的孩子大都勇敢,见义勇为,有牺牲精神,只要听到有人需要帮助,就蟋蟀般地向前冲。

但暑假一过,就开学了。我们要回到课堂,就像重回竹管筒里的蟋蟀,只能在狭小的空间鸣叫,一点自由都没有了。

在那个特定的年龄里,和同学在一起,特别和女同学在一起,远远没有和蟋蟀在一起开心。

精彩赏析

　　本文讲述了斗蟋蟀的故事,把孩子们斗蟋蟀时的语言、神态、动作描写得惟妙惟肖,形象体现出他们的活泼天真。作者还描写了蟋蟀们不同的特点,有的喜欢虚张声势,有的会佯败诱敌,生动有趣。在作者笔下,普普通通的蟋蟀俨然成了骁勇善战的士兵,它们战斗的过程被细致描写出来,既充满趣味,又真实可信。

蟋蟀王之歌

● 心灵寄语

> 斗蟋蟀的孩子和昆虫是平等的；生活在自然里的孩子，自己也是会飞、会跳、会叫的生机勃勃的昆虫。

一

有一年秋天，我养了一只紫头金刚；那是一只身经百战，格斗起来勇猛无比的大蟋蟀，我们称它蟋蟀王。

蟋蟀王头粗颈圆，发出紫色的光；两须刚健，鸣声洪亮，斗起来，力气大得把对方的蟋蟀推到盆边上不能动；有时牙缝紧咬，一个回合就把对方"夹出盆外"。总之，它打遍小莘庄横竖六条弄堂无敌手。

每次胜利，它一定在盆里追逐对方三圈，然后"嚯嚯嚯"地振翅高鸣，唱一首蟋蟀王之歌。

二

小学同学周九峰弄堂里的"老爷叔"，是个养蟋蟀的专家。我斗赢过他的三只蟋蟀，他端起我的盆，拿在手里转了几圈，自言自语地说:"好蟋蟀,不过受伤了。"一边说,一边指着蟋蟀的头说,"你看,它的牙齿已经合不拢了。"

然后眼睛眯缝看着我的脸,不紧不慢地说:"再斗就不行了。这样吧,我给你四只龙盆,你把蟋蟀给我,我把它养到中秋斗月饼。"他以为我是孩子,好骗,但我不肯。

我说:"我也要斗月饼。"

此后,它又斗败了许多蟋蟀,小学同学都知道我有这样一只蟋蟀,它的名气比我大,我因拥有蟋蟀王而骄傲。

三

白露以后,霜降了,天气一天冷似一天;在阵阵秋风里,蟋蟀王老了。

蟋蟀和人一样,一老就怕冷,一老就萎缩,一老声音就沙哑;但它仍然鸣叫着。

它现在的鸣叫,已经不是为了胜利了;而是为了一辈子没有实现的悲哀,求偶成了它遥远的梦,它还记得它青年和壮年威风凛凛的时候;甚至记得,那些把它当作青春偶像的一个个美丽而魅力十足的异性。

它把胜利和悲伤编成了一首歌,一首英雄迟暮和美人迟暮的歌,对着西风亮翅唱起,西风便开始颤抖,开始倾斜,开始变成伤感的调子和苍凉的嗓门儿——我听出了其中的悲痛,我的蟋蟀王啊!

四

我的蟋蟀王像一个被西风追赶到破庙里过冬的老单身汉。老单身汉也是一只候虫,懂得追随季节。

很低的放米饭的小瓷钵,它已经爬不上去了;把盆完全打开,让它晒太阳,它已经跑不出去了;虽然它行动蹒跚,但仍然艰难地朝前爬着,保持着战斗的姿势;并非它在死前还要进行一场决斗,而在于不断前进,不断向前进——已经成了它一生的习惯。

五

十二月的一天,它在一个寒冷的晚上唱完了它一生所有的歌以后,停止了歌唱。

它把长须理了又理,把长腿伸了又伸;在做了一段很长时间的清洁卫生工作以后,选择一种轻松优美的卧姿,展开六爪,伏在我给它的豆叶和米饭边上,不再喝水,不再动了。

第二天一看,它还是同样的姿势,我知道,这就是它永恒的定格——英雄一世的结局。

此后多少年,我一直没有养蟋蟀;但对蟋蟀王,一直怀念不已。

四十年过去,斗蟋蟀已成了温馨含泪的回忆。

六

现在的孩子很少斗蟋蟀了。因为到处用农药,蟋蟀少了。农药是给蟋蟀吃的,其实也是给人吃的。

现在的孩子,上网、打游戏、看动漫,动漫再有趣,都是死的、假的,哪有真的、活的蟋蟀有趣呢?

斗蟋蟀的孩子和昆虫是平等的;生活在自然里的孩子,自己也是会飞、会跳、会叫的生机勃勃的昆虫。

人整天和电子产品周旋，和机器打交道以后，脸色苍白、头昏眼花、呆若木鸡，自己也成了要保修的电子产品和机器人了。

这是蟋蟀的不幸；也是孩子的不幸。

七

都市化的上海，到处是拔地而起的钢筋水泥。夹在钢筋、水泥、花岗岩中的绿化，听不到蟋蟀的鸣叫。

没有蟋蟀鸣叫的绿化，不是真正的绿化。

没有蟋蟀鸣叫的绿化，不是活绿化，是死绿化。

我喜欢逐虫声而居，所以把家搬到城乡结合的地方。

八

今年秋天，当我再一次倾听蟋蟀歌吟的时候，我又想起了我的蟋蟀王，是不是它在鸣叫，在叫我呢？

我深深地爱这些小精灵；钦佩它们的勇敢，以及在遭受迫害后不屈不挠的精神；怜悯它们且战且退和至今挣扎在城市边缘的——悲痛欲绝的鸣声。

精彩赏析

本文前半部分紧紧围绕着蟋蟀王来写,以饱蘸深情的笔墨写出了它不懈斗争的一生,是献给它的一曲赞歌与挽歌。蟋蟀王年轻时威风凛凛、所向披靡,为作者赢来了无数荣誉;它进入暮年,但仍然保持着战斗的姿势,引起作者无限敬佩。文章后三节作者以犀利的语言抨击了时代的弊病,指出当代许多孩子沉迷于电子设备,呼吁人们回归大自然,再一次赞美了蟋蟀这种在城市边缘放声歌唱的小精灵。

费老头的小书摊

● 心灵寄语

> 你每天追求了什么,思索了什么,你的生活就会有怎样的质地和品位。

在我的文学生涯中,影响超过许多学校和许多语文老师的,是费老头和他弄堂口的小书摊。

一

小书摊摆放在朝南的排屋前,那是两条弄堂的交叉口,是孩子们上学要经过的地方,旁边有个给水站。冬天太阳好的时候,可以一面晒太阳,一面看书;夏天,则移到朝北或树荫清凉的地方。

三四架小人书,大概有上千册吧,都是连环画,两三条长凳,零散地排列着,供孩子们坐;他自己泡一壶茶,坐在竹椅上,用慈祥的目光,看孩子们读书——那是一幅书中插页般的图画呀!

二

我十二岁那年的夏天,父母觉得我大了,不能老放在乡下,便下决心，让一个亲戚把我带到上海来。

来到上海，住在一个棚户区，各种人杂居在一起。

陌生的环境，没有玩的伙伴，这里的孩子看我是"乡下人"，刚来的，就聚在一起骂我是"蛮子"，朝我吐口水，挥拳头。

就在我孤独的时候，我发现了费老头的小书摊。

农村的孩子，除了割猪草、喂猪、爬树、到小河里游泳，也有精神生活，喜欢看小人书。但乡下小人书很少，自己买，没有钱；借来的，因为看的人多，到了你手里，大都已破破烂烂。现在，费老头有那么多精彩的小人书，都是我没有看过的。

我在弄堂口绕来绕去，像驴子围着磨台般围着小书摊转。

三

长长的暑假，从乡下小学转读上海小学的事，联系了几个学校，一时没有联系上。我便天天向妈妈要二分钱，去小书摊。不久，便成了小书摊的常客。

费老头的小人书是分档次的。档次不同，书价也不同，可以上下浮动；浮动的幅度，都是他说了算。

新书，一分钱一本；旧书，一分钱二本；厚书，一分钱一本；薄一点的，一分钱两本。有时，费老头会将一本厚书拆开，装订成二本多收我们的钱，但我们看得出他装订的痕迹。

新书和旧书不同架，分开摆，他心里清清楚楚，从不混淆。有时，我们趁他转头、喝茶，或不注意的时候，把新书拿到旧书架，冒充旧书。但都瞒不过他的眼睛，他会突然掉转头，高喝一声，并故意做出吹胡子瞪眼睛的样子。

我们只好乖乖地把新书放回原架。

四

在小书摊，我读的书，一天天多起来。

什么《孙悟空大闹天宫》《三侠五义》《小五义》《武松打虎》《桃园结义》《画皮》《火烧红莲寺》《茶花女》《鲁滨孙漂流记》，古今中外，林林总总，许多情节，许多人物，许多悲伤或高兴的故事，我耳熟能详，有的至今都背得出来。

那些花花绿绿的封面，那些人物、故事对我来说，是一个大千世界，一座大公园。在认识罗贯中、施耐庵、吴承恩、蒲松龄、小仲马，知道《三国演义》《水浒传》《聊斋志异》《西游记》的同时，我也认识了画小人书的贺友直、顾炳鑫、程十发、颜梅华等人，他们各有各的画法，构图、留白都不同，画得很生动，都是大师级的画家，比现在制作的千篇一律的漫画，不知道强几百倍。

五

虽然我是乡下来的孩子，坐在费老头的小书摊前读书却极守规矩，付钱从不含糊，也不赊账。

我经常踮着脚，仰起脖子，为的是看清上排小书的名字和书的封面，费老头肯定注意到我——一个四方脸，稚气未退的孩子，剃一个平顶头，一副老实巴交乡下人的样子。我穿一件妈妈做的灰色中山装，书读得那么认真、那么废寝忘食，费老头在一大堆孩子中间，一眼就能把我区别开来。

有一次，他对我端详了半天，自言自语地说："这伢子，长大了恐怕要中状元的。"

六

熟悉以后,他开始喜欢我了。

有时没带钱,绕过小书摊。费老头看见,便招手叫住我,让我看书。

我说:"没带钱。"

他连忙说:"不碍事,不碍事的,伢子,你看好了。"

甚至,他还会将刚刚买来没有上架的新书给我看,有的是一本要拆成两本的厚书。

他家离弄堂口不远,有时有事,家里人来叫他,他就对我说:"伢子,帮我照看一下,我去去就来。"

七

长长的暑假结束了,还是没能联系上小学,我就在费老头的小书摊继续看书。

直到学期过去快一半,我先在一所私塾里读了几个星期,才转到叶家宅路小学。成绩不好,妈妈很担心,再把我转到长寿支路小学。后来,我又从长寿支路小学,考上江宁中学。

人大了,兴趣变了,不久又搬了家。

那时,我已经习惯向妈妈要五分钱,走一个多小时的路,从曹家渡走到南京路江宁路口一家旧书店;旧书店成了我最喜欢的地方。

我已经不买连环画了,买全是字仅有几幅插图的儿童文学作品。我记得,《渔夫和金鱼的故事》五分钱一本。很多书,是二三分钱一本。

买了,一边往回走,一边看。回家的路就像一张铺在地上的"视力表",我从1.5的地方朝0.1的方向走,还没有走到家,书已经看完,眼睛也慢慢近视起来。

我把看完的书放在乡下带来的小藤箱里,不久,小藤箱便满得放不下了。

八

费老头看我疏远了小书摊,很难过。有时路过,他会留恋地问我:"伢子,你啥时候再来?"老人越发慈祥,声音也越发颤抖了。

但我终于没有再去,我已经不读他的小人书。他的小人书,我全部读过了。

我已经像一只小船,驶过了读费老头小人书的里程。

又过了一段时间,弄堂口朝南的排屋前,给水站旁边,再也看不到费老头的小书摊了。

费老头老了,他已多年不摆书摊了;现在靠一个独生儿子生活。

听妈妈说,儿子对他不好,儿子不是他亲生的,是抱来养大的,来龙去脉没有人弄得清。

不摆小书摊,没有收入,儿子、媳妇骂他是"废铜烂铁",饭也不让他吃饱。邻居都知道,我听了很愤怒,我想找他们论理。

妈妈有时回老家,走过朝南的排屋,总看到他抱着孙子晒太阳,棉裤上有很多补丁,一副可怜巴巴的样子。

有一次,妈妈问他:"既然儿子对你不好,你为什么还整天抱着孙子,那么疼爱呢?"

费老头直盯盯地看着妈妈,不回答。

后来,妈妈就再也没有见过费老头。

九

多少年了，一次春节期间，去看望妈妈，吃饭时，无意间问起费老头的消息。

妈妈说："费老头已经死掉二十年了，你不知道？"

我听了"哎哟"一声，一只筷子掉到地上，一阵惆怅，话也说不出来。我一连好几天心里很难过，好像死去的不是费老头，而是我童年刚到上海读书的那一段时光。

有几次，路过长寿路旧宅，想看看以前费老头摆小书摊的地方，看看朝南的排屋和给水站。

但旧宅全部拆迁，面目全非地盖了许多高楼；绕到小区大门，一个很凶的保安看守着，不让我进去。别说地上，连熟悉的天空也陌生了，原来摆小书摊的位置也弄不清了。

推算费老头死去的那年，正好恢复高考，我考进一所大学中文系，正式读《三国演义》《水浒传》《茶花女》《鲁滨孙漂流记》和古今中外的文学书。爸爸要我学医科，当医生。我不听，我坚决要读中文系。

十

我接触文学，喜爱文学，读中文系，一辈子走文学道路，已经死去的费老头和他踪迹全无的小书摊，是我心里纪念碑一般永恒的起点。

精彩赏析

费老头的小书摊是作者心灵的避风港。作者初到上海时，"乡下人"的身份让他饱受歧视，于是就沉醉在费老头的书摊读小人书。随着年龄的增长，作者不再满足看小人书，在书摊度过的美好时光也尘封在记忆里。直到多年后作者得知费老头早已去世，心中泛起了对那段时光的无限怀念和对时过境迁、物是人非的一阵唏嘘。文章语言朴实细腻，饱含深情，既有对童年的追思，也有对费老头的感激和对其不幸遭遇的同情。

成长的冲突

● **心灵寄语**

> 家长总是一方面渴望给孩子简单快乐的童年,一方面为不让孩子输在起跑线上而给予其种种高压。成长的冲突,是理想与现实的冲突。

好友梅子涵写了一本《晚上的浩浩荡荡童话》送给我,他的文笔越发天真、冷峻、幽默,在平淡中充满了张力。我读了深受启发,写成此文,在张洁编的《儿童文学选刊》上配梅子涵的童话发表。

梅子涵的童话让我想到了什么呢?

一

我想到——孙子不肯吃药,奶奶就把药片从药瓶里倒出来,用包糖果的纸,一粒一粒地包起来让孙子吃;孙子开始以为是糖,后来就怀疑,奶奶的糖怎么越吃越苦了?

二

我想到——孙子会叫、会爬了;奶奶怕他摔跤,就用栅栏把他围起来；刚学会爬的孙子，把奶奶给他玩的积木搭成梯子，从栅栏里爬出来。

这就形成——奶奶用心计关爱孩子和孩子将计就计的故事——一种潜意识里的抗衡和冲突。

三

我想到——父亲的脊背，为什么越来越弯，越来越驼？那是因为小时候把孩子扛在肩上，弯腰衔草让孩子当马骑。

我想到——母亲的头发，为什么乱了又梳，梳了又乱，脸上出现那么多洗不掉的皱纹？那是让孩子的小手抓的。从爸爸给孩子当马骑，妈妈的头发给孩子当玩具抓那一刻起，爸爸妈妈就开始老了。爸爸妈妈老于孩子的折腾。

对于孩子，父母就是世界；孩子的愿望，是征服世界；在他们的潜意识里，父母始终是他的假想敌。

四

孩子长大了，身体长高了，衣服变小了，不能穿了，就要做大的；刚做了不久，又小了。衣服永远要适应孩子，而不是孩子适应衣服——父母就像越来越小，越来越穿不下的衣服。

父母和孩子的成长过程，始终充满了"一个想让他穿，一个穿不下"的矛盾冲突。梅子涵《晚上的浩浩荡荡童话》写的，正是这种成长的冲突。

五

李拉尔功课做不下去，伏在桌子上睡着了。

他以为，每天晚上那么多的功课，都是爸爸妈妈逼的；他是为爸爸妈妈做的。没有爸爸妈妈，就不会有那么多的功课。于是，他想报复。他做了一个奇怪的梦，在梦里报复父母，报复老师，报复社会。

他不懂什么叫社会，他以为，社会就是父母，就是大房间，就是那些不让他们玩的大人，他叫他们写检查，并把检查贴在他指定的地点。

他要去"解放"那些和他一样被关起来，关在房间里，关在别墅里补习功课的孩子们。

六

李拉尔一共"解放"了 24 个小孩子——这时，爸爸李大童，妈妈储小菲也都成了李拉尔的部下，一起参加到"追捕"补课老师，"解放"孩子的队伍中。"救救孩子"——鲁迅先生曾经喊过，现在我们还要再喊——"救救孩子"。但是，现在的孩子已经梦想组成浩浩荡荡的队伍，去玩、去做梦。

七

梅子涵这本《晚上的浩浩荡荡童话》写得不错。

在书里，他坚决站在李拉尔一边，为李拉尔说话；反对李拉尔的父亲李大童和母亲储小菲，反对补课老师。但是，成长的冲突，不仅发生在《晚上的浩浩荡荡童话》里，也发生在每一个家庭，发生在作家梅子涵本人身上。

梅子涵虽然同意女儿梅思繁晚上 7 点多钟的时候，看看电视，吃吃水果，或者讲个故事，听得哈哈大笑，倒在沙发上四脚朝天。

但是，梅思繁看完电视，吃完水果，听完故事，还要去做功课。这时，梅思繁就像李拉尔，或者比李拉尔稍微好一点。前面看电视、吃水果、讲故事都是假的，是糖纸包的药片——先甜后苦。

八

我和《晚上的浩浩荡荡童话》的作家梅子涵是邻居。我们经常来往，很欣赏梅子涵《晚上的浩浩荡荡童话》中，李拉尔把补课老师"打倒"。但是，当我晚上7点多钟到他家里去的时候，惊奇地发现，梅子涵也为女儿梅思繁请了一位数学补课老师，为梅思繁补数学。不补课？梅子涵和李拉尔一样，都只能在梦里实现。

梅思繁数学题做不出来，考试成绩不好，她的数学卷子就被扔出去，扔在朝北的教室里，像飞起来的风筝。

谁扔的？

还会有谁？当然是梅思繁的爸爸，写《晚上的浩浩荡荡童话》的作家梅子涵。

九

梅子涵把女儿梅思繁的数学卷子扔成朝北教室里的风筝。忍无可忍的梅思繁写了一篇《朝北教室里的风筝》——像李拉尔做梦一样反抗的内容，写的就是这件事。梅思繁写："我相信世界上比我爸爸更爱他女儿的不会有几个。可是我相信像他那样因为数学让女儿增添忧郁的也不会有几个。这写满我从小到大的记忆。他昨天晚上又这样了。我那张不及格的卷子被他扔得飞舞了起来。"

当时没有意识到这两件事有共同性的梅子涵，把梅思繁《朝北教室里的风筝》寄给我看，还附了一句："曹旭，你看看繁繁的文章写得好不好。"原本夸奖梅思繁文章本身,现在成了我矛盾他的资料。

十

我不是说梅子涵说的和做的不一致,而是说,他在生活中无法"打倒"的补课老师,被他在小说里"抓起来打倒"了。

梅子涵并没有意识到,他自己就是作品中李拉尔的父亲李大童和母亲储小菲扮演的角色;但是,梅思繁写《朝北教室里的风筝》给他看,可能点燃了他写《晚上的浩浩荡荡童话》的灵感,梅思繁或多或少、有意无意地成了童话里李拉尔的原型。

十一

最可恶的是本文作者曹旭,他利用是梅子涵同事和家住得很近的条件,捅破窗户纸般地还原了生活的丰富性及孩子和父母之间成长的冲突——这件事,和梅子涵、梅思繁、李大童、储小菲、李拉尔都没有关系。

我也有个叫"曹迪民先生"的儿子,是梅子涵小说里的人物;而梅子涵的这篇童话,让我对曹迪民先生的教育方法有了反省的机会。我虽然没有请数学老师帮曹迪民补数学,但他妈妈天天晚上帮他补,他妈妈就是数学老师。

我们都是这样的,我们上一辈对我们的教育也是这样的。我觉得,我越是正确的话,儿子越是不听。

十二

怎么说呢?孩子是无奈的,父母也是无奈的。扼杀了孩子的童心和性灵,等父母觉悟时已经晚啦——一代一代人执迷不悟的冲突,构成了人类生命里动力的源泉。

精彩赏析

文章语言天真活泼,不加雕琢,生动表现了家长在教育孩子时理想与现实的落差。第三节的叙述极其精彩,父亲的脊背是被孩子压弯的,母亲的皱纹是让孩子抓出来的,这样写角度新奇,又突出了父母对孩子的付出。作者用大量笔墨介绍《晚上的浩浩荡荡童话》这本书的内容,并联系现实对梅子涵与自己的家庭教育方式进行了深刻反思,照应了文章的主题。

我怕考试，我儿子也怕考试

🌼 心灵寄语

> 考试成绩可以量化一个人学习的效率和质量，所以它将会伴随人的一生。无论你喜不喜欢考试，你都要学着接受并适应它。

一

小时候，我是乡下的野孩子。

不喜欢读书，贪玩，每天自由自在。当太阳升起来，露水被蜘蛛网穿成珍珠项链的时候，要上学啦。但我，情愿去割草，情愿去放牛，情愿让太阳晒着，沿小河边走边打水漂儿。

拾荒也比读书好，斗蟋蟀也比读书好，东游西荡，游手好闲，或者干其他事都比读书好。因为读书要考试，我最怕考试。

二

爸爸妈妈在上海，管不着我，成绩不好有奶奶包庇；十二岁到上海以后，没有人包庇了，每逢考试，小便就会急，我记得清清楚楚：

那是小学毕业考初中，考算术时突然碰上一道怎么也解不开的难题，小便就急起来。

早上吃的稀饭，稀饭怎么一遇到难题全消化了？还是憋不住了；小腿儿乱抖，匆匆交卷，反面一道应用题没有做，重点学校没考上。

从此，只要上考场，只要题目难，小便就会急。

三

发下来的学生手册，上面经常是"万里山河一片红"，还有鸭蛋，怎么办？瞒着，偷爸爸的图章盖，应付老师；但是，偷盖一次，罪加一等，学期结束算总账：妈妈照例是揪耳朵，用缝纫的尺没头没脑地打；爸爸说："双凤，不要打头，打屁股。"爸爸看起来为我好，其实我知道，他是怕打头越打越笨。

也有让我逃走的时候，乘妈妈不备，挣脱手拔腿就跑。我在前面跑，妈妈在后面追，围着弄堂转。邻居的孩子就齐声喊——"加油，加油"。叫我跑得快一点，不让妈妈抓住。

每次老师来告状，就挨打。

打完了我就唱：

天不怕，

地不怕，

只怕老师到我家……

还唱《几何歌》：

人生光阴有几何？
一生为何学几何？
学了几何有何用？
不学几何又如何？

四

所有的考试都难，最难的是大学中文系一次外国文学考试。考果戈理的《死魂灵》，我们准备好了，思想内容、艺术特点，全都倒背如流，只等题目撞在枪口上。题目出来了：

请在下列五条横线上，各填一个《死魂灵》中地主的名字：＿＿＿、＿＿＿、＿＿＿、＿＿＿、＿＿＿。

全班人傻了眼，没有人看得懂。《死魂灵》最重要的讽刺艺术不考，在文学史上的地位不考，考地主的名字？是"虚则实之，实则虚之"和学生玩"孙子兵法"，还是让学生毕业以后当地主？

五

没人填得出，绝对填不出。我敢说，就是果戈理本人，叫他连填五个，他现在也未必填得出来。

真要喊救命，喊救命也没有用。那些俄国地主的名字都好长好长，什么……斯基……托夫……伊凡诺维奇之类的，抓耳挠腮，一个也填不出来。但考试不能让题目空着,这是久经沙场,经历千百次考试以后得出来的经验。空着不填,等于自动放弃。乱填也比不填好,说不定歪打正着。填不出俄国的,就填中国的,反正是地主。我在横线上填了:

黄世仁、南霸天、周扒皮、刘文彩。

有的是真地主,有的是文学作品中的地主,假地主——管不了那么多,反正是地主,都是赫赫有名的。谁有心思考证他是小说人物、戏剧人物,还是真实人物?填上去再说;算在一起也只有四个,还空有一条线。只恨自己脑子里的地主太少。连中国地主也想不出了。

六

对着最后一条线,我犹豫了半天,本来想幽默一下,填上自己的名字,看看老师怎么批,但不甘心。临交卷,我突然心一横,填了这位老师的名字。既然他要考地主,喜欢地主,就让他在果戈理的《死魂灵》中当一回吧。

两天以后,老师找我谈话,我向老师认错。对老师大不敬,是我不对。但是,我的青春,我许多最宝贵的光阴,就在背地主名字、考地主名字之类的考试中度过了。

七

我不知道《吉尼斯大全》里有没有这一条:

世界上发明考试的国家是中国，中国是世界上考试最早、名堂最多的国家。就算你硕士或博士毕业，得了学位，就像我现在，也没有用。接下来，还有许多谁也弄不清、说不完、搞不懂的种种考试，譬如……职称考试……出国考试……普法考试……在等着你。

中国有句老话，叫"活到老，学到老"。现在我要加一句："活到老，学到老，考到老。"

一直考得你无可奈何；考得你小便急；考得你摇头叹气，上气不接下气，突然当中断气。

看来，怕考试是我家的传统，我怕考试，我儿子也怕考试。

八

现在，我也当了教师，而且有了一个读四年级的儿子"曹迪民先生"。他是个喜欢吃肉的胖小子，整天稀里糊涂，专画小兵打仗，怕考试、贪玩、不想读书，大有父风。每次开家长会，老师总是把我叫去"陪训"，我亦自惭，不能深责。只在他妈妈打他的时候帮腔，递尺，说："纯，打屁股，别打头。"

尺都打断了，问他："疼不疼？"

他说："不疼。"

去年，我去日本京都大学访学，一年多没见，想他，给他写了一封信，问问他学习的情况。等了两个星期，他总算回信了，没有谈学习的情况，却没头没脑地写了几句话，说：

爸爸：等你回来，你就再也打不到我了。我现在身上装了"反弹器",你打不到我,反而打了自己。

你的儿子曹迪民
1993年11月3日

署名歪歪扭扭的,日期后面加了个大句号。

朋友梅子涵来信告诉我:

今天,刚要寄信,你太太来电话:曹迪民先生把语文书又读丢了。明天我得想办法弄一本新的来。

有其父必有其子,不过,我没有读丢书。看来此儿糊涂,有点"青胜于蓝"。

有什么办法?没有办法。

九

现在轮到他们唱歌了,打一次,唱一次,我听出,他唱得不坏:

星期天的早晨雾茫茫,
捡垃圾的老头排成行;
队长一声令——
钻进垃圾箱,
破鞋子、臭袜子满天飞……

我不明白"雾茫茫"是不是象征、"钻垃圾箱"是不是指考试,我不去问,不必问。

一代考试一代歌。没有结束,只有无奈。

精彩赏析

文章语言风趣幽默,讲述了作者小时候应对考试发生的趣事,以及作者上四年级的儿子对学习、考试的恐惧。文中多处细节描写令人忍俊不禁,如作者小时候一上考场就会尿急、作者的父亲怕作者被打头越打越笨、作者的儿子给自己身上装"反弹器"等,这些都生动地体现出孩子的天真与活泼。文章批判了应试教育的考试制度,赞美了孩童的天性,既有可读性,又有思想性,让读者回味无穷。

▶ **预测演练二**

1. 阅读《斗蟋蟀的孩子》，回答下列问题。（9分）

（1）阅读文章，文章主要讲述了什么？（3分）

_____

_____

（2）为什么斗蟋蟀时不能对盆里呵气？（3分）

_____

_____

（3）通过阅读这篇文章，你有什么体会？（3分）

_____

_____

2. 阅读《费老头的小书摊》，回答下面问题。（11分）

（1）第四节概述了_____，作用是_____。（3分）

（2）第三节和第八节写了费老头两次截然不同的神情，矛盾吗？为什么？（4分）

_____

_____

（3）文章到第九节似乎可以结束了，加上最后一段的目的是什么？（4分）

_____

_____

3. 写作训练。（60分）

在我们成长的过程中，与父母价值观的冲突，是每个人都会遇到的必修功课，如何处理和父母的冲突，如何更好地成长自己，也是我们人生的必然历程。

阅读《成长的冲突》，记叙你记忆中的成长故事。文体不限。字数：600~1000。

老 屋

心灵寄语

> 岁月风化了老屋上的瓦片，锈蚀了老屋前的铁门，崩塌了半边的屋脊，但无法抹去作者对祖母的思念。前尘隔海，古屋不再，亲情却是永恒的。

故乡的月光下，有几间歪斜的老屋。

一

老屋不知什么年代盖的，它经历的风雨，已没人知道。

留给我们的，是鱼鳞脊背的老瓦、长长的屋脊，长满苔藓、半人高凤尾草的灰白色的墙和斑驳的排门；门前两个残破但磨得很光滑的小石兽，说明有了年代。

屋脊已经半边崩塌，屋内有一根柱子被火烧去半边，半焦半黄地支撑在那里。祖母说，那是"长毛造反"时烧剩的。

从排门可以知道，老屋以前是豆腐坊，门前一条路，是三星村的主要街道，铺着青石板；青石板二尺长，一尺宽，铺了一百多米长，东通小庙，西通西桥，老屋居中。

祖父十八岁的时候和祖母结婚，老屋就是他们的家。然后在老屋里生下我的爸爸；二十八年后，爸爸妈妈又生下我。

二

我最早的记忆是，我坐在老屋的堂屋里晒太阳，排门卸下来以后，橙红的太阳照进来。吃早饭的时候，祖母给我喂新米粥，我吃到一粒麦子，就把麦粒舔在小舌头上伸出来给祖母看，说："麦，麦。"

还有就是进小学，人家送给我十支铅笔，黄颜色的，闪着光芒。我非常喜欢，想把它削好。我没有铅笔刀，也找不到小刀，就用祖母切菜的刀削，把铅笔支在地上，像削胡萝卜一样削。菜刀很钝，铅笔很嫩，削一段、断一段，削一支、断一支，不一会儿工夫，十支铅笔成了一小堆积木。

三

母亲二话不说，揪过耳朵就打。

祖母也心疼这十支铅笔，说："该打，该打。怎么这么不当事？"见母亲越打越凶，她转而代我求饶，替我说，"你说呀，你说呀，下次不了，下次不了。"

我说："下次不了，下次不了。"但没有用。母亲正在气头上，哪里肯放手，还是没头没脑地打。

祖母脸色铁青地站在边上看着。终于忍耐不住了，突然间，她猛地冲上去，一把抢过尺，抓住母亲头发说："不是你生的啊？你就这样打？往死里打？你打得下去啊？"

四

我们都被这突如其来的场面吓蒙了,围着发抖,我从母亲的手里挣脱出来,但不敢逃跑,眼睁睁地看着母亲被祖母揪住头发打。开始是我叫喊,后来是母亲叫喊,祖母每与母亲发生冲突,大多都是为了庇护我。

四十多年过去了,祖母早已逝世。

有一次说到祖母,我把这件事说给母亲听,笑着问母亲:"有没有发生过?"

母亲说:"没有发生过。"

但是,我是个尊重历史的"历史学家",仍然把这件事记录在我们家庭的"历史"里。

母亲一生都敬重祖母,一生都害怕祖母,在我削断十支铅笔以后——这些事情发生在老屋。

五

母亲随父亲去上海以后,我和小妹就跟祖母在乡下过日子,父亲每月寄十元钱作生活费,祖母一边带我,一边种屋前屋后的自留地,母亲只在农忙的时候回家一次,帮祖母一起收割和播种,平时就是我们三个人住在老屋。

寂寞的时候,祖母就教我唱山歌,那些山歌没有调门,和现在的歌曲不同,只有"咿咿呀呀"的声音,这不仅与祖母的音调有关,还与教她的祖母有关,同时和她家乡河港上的风车整天"咿咿呀呀"的调门有关。

那些山歌我至今还会唱,只是唱的时候,不是我的声音,而是祖母的声音,是祖母家乡的方言土音;有的字,我无法写出来,那纯粹是表音的，无法变成文字，好像是：

小白菜呀，几年黄呀，自从爹爹，娶后娘呀……

现在懂了，祖母教我唱歌，其实是她自己要唱歌，那是祖母埋怨父亲离开乡下就很少回老屋的歌。

六

祖母死去以后，老屋越发破败。偶尔，清明的时候，为祖母上坟，我们去乡下，但老屋已经不能住人，我们就住在亲戚家。我离开故乡到上海以后，再也没有在老屋住过。

老屋一共三间，据说是传给我们，大儿子、二儿子、小儿子一人一间的，现在我和小弟在上海，二弟在常州，谁也不要，老屋就愈发破败了。

父亲生前说："修修好，就让它做祠堂吧！"

精彩赏析

文章语言富有诗意，饱含对老屋对祖母的思念和对时过境迁的感慨。开篇描写老屋如今的状况，引出童年削铅笔的故事，当作者犯了巨大的错误后，祖母比母亲更加宽容，体现祖母慈爱的形象。作者在父母去上海后与祖母一起生活，老屋记录了生活的点点滴滴。在祖母去世后老屋越来越破败，但它代表着作者对祖母的怀念，这种怀念永远不会消失。

供祖宗

● 心灵寄语

> 我突然理解,那是一个寂寞的灵魂向一群寂寞的灵魂自怨自艾地倾诉,然后和他们告别。冬天的日子很长,她没有说话的人。

小时候,我跟祖母在乡下老家生活,过着一个又一个漫长的冬天。

一

老屋把寂寞的一半,埋在深雪里。

平时没有人来,亲戚也很少走动。堂屋排门前的阳光,又冷、又寂寞。只有到了小年夜或除夕的时候,家家户户准备过年供祖宗,堂屋里才会热闹起来。

小年夜或除夕供祖宗,是江南流传的民俗。忙了一年的人,在收割结束、谷粒归仓、牛羊无恙、一年将尽的时候,便想到了祭奠和告慰祖先。

一家人在桌上放些鱼肉供品,点上香烛和祖先团聚,一起吃年夜饭，请祖宗保佑，明年风调雨顺。

我从小跟着祖母，每年除夕看祖母供祖宗。她一人忙里忙外，把供祖宗看成是一年最隆重的事情，一人挑起一家香火的传承。

二

这一天，各位祖宗都来了，祖母好像又回到她做姑娘，做小辈的时候，脸色红润起来，表情活泼起来，话也多起来。

来吃饭的祖宗，有长辈，也有亲戚；有夫家的公公婆婆、太公太婆，也有自己娘家的父母。一年聚一次，大家谈谈话，叙叙旧。

面对祖宗，面对前辈的时候，祖母便无拘无束了。心里想说什么，就说什么。什么也不隐瞒，也隐瞒不了，祖宗们都会知道的。供祖宗的时候，祖母就把一年的委屈、哀怨，向祖宗倾诉。

三

我盼望供祖宗，因为供祖宗，祖母会去到附近的西岗乡集镇买一条鱼，买许多肉；把肉剁碎了，掺和藕粉做成肉丸子，放到油锅里煎。

那时，我觉得肉丸子是世界上最好吃的东西。从祖母剁肉开始，看到肉丸子"滋、滋、滋"地在油锅里翻滚、打转儿，遍体发红，香味直冒，我口水直流。那时，我像小狗一般，在祖母身前身后，碍手碍脚地撵也撵不走。

四

供祖宗的鱼肉，说是给祖宗吃的，其实祖宗是不吃的；一只只滚圆的肉丸子，早晚会落到我的嘴里。于是，不要提醒，我会协助祖母把一张榉木的八仙桌移到屋子中央，桌上放好杯子，杯子里盛满"酒"。

有一次，我偷偷尝了一口"酒"，立刻大声地对祖母说："奶奶，奶奶，你倒错了，这不是酒，是水。"

祖母听了，很坚定地说："是'酒'，不是水。"

我说："是水。"

祖母生气地说："不许说。"

从此我知道了，供祖宗的"酒"，其实是水。

"酒"倒好以后，端上鱼肉和菜蔬，四面放好长条凳，点上香烛，当香烟袅袅升腾的时候，祖母就不许我再碰长条凳了。

她说："祖宗来了，你要乖一点，要给祖宗一个好印象。"

平时疼爱我的祖母，这时突然严厉起来。

要是我站在门口，挡了门，她会狠狠地把我拉到一旁，说："小祖宗，快让开，祖宗们来了。"

我以为真来了，等了半天，不见有人来。便说："奶奶，奶奶，祖宗还没有来。"

祖母一把把我拉在一旁，说："不许说。"

这时，她口中念念有词，好像在对祖宗的莅临致欢迎词。

五

祖宗们来了，祖母请他们一一坐下，座位都是根据年辈安排好的，井然有序；祖宗知道应当坐哪个位子。祖母一边招呼，一边寒暄几句。

祖宗喝"酒"的时候，谁生前酒量好，祖母会给他的杯子里多加一点，加满一点，叫他们不要客气，说："都是自己人，没有外人。"

"酒"喝完了，祖母就把"酒"倒掉，用酒盅盛饭；谁生前饭量大，祖母不忘给他添饭，或者放两盅饭在他的旁边，由他自取。

祖宗吃饭的时候，我总听见祖母说："求祖宗保佑今年风调雨顺，保佑巧儿（我父亲的乳名）平安，华（我的乳名）长得像猪狗一样。"

农家的猪狗是褒义词，希望孩子像狗一样好养，像猪没有心事，吃了就睡，睡了再吃，那是健康的标志。

六

祖宗吃饭的时候，祖母叫我烧锡箔和纸钱。一边烧，祖母又念念有词，说："今年过年烧得不多，现在乡下日子不好过，明年清明多烧一点。"祖母每次都说同样的话，我想，乡下日子不好过，祖宗为什么不管一管呢？

火旋起来的时候，是祖宗来取钱了。整个过程像演戏，不到半小时。

吃过，喝过，取了钱，轻轻地跨过板凳，祖宗们先后走了。这时，祖母经常在一旁抹泪水，我总站在祖母身边。

现在才知道，祖母抹眼泪，其实不是为了祖宗，而是为了自己。我突然理解，那是一个寂寞的灵魂，在向一群寂寞的灵魂倾诉，然后和他们告别。冬天的日子很长，她没有说话的人，我又不懂事。许多委屈、伤感在心里，到了年末岁尾，同样没有人可以诉说。

七

五十年过去了。

祖母早已死去，老屋也倒塌了。乡下旧物，只有祖母在院子里种的红樱桃，老根仍然开花。但是，有谁听过？有谁去听红樱桃开放时"扑簌、扑簌"的声音呢？那是我童年的声音。

祖母死后，我们再也没有供过祖宗。城市里没有供祖宗的风俗，我们家也没有供祖宗的习惯。

现在，我也到了当年祖母的年龄，但连供祖宗的仪式也快忘记，供祖宗快要失传了。

今年除夕，快过年的时候，小时候跟祖母供祖宗的情景突然来到我的心里。我想到了供祖宗，想到了祖母，心里充满了悲伤。

我对妻说："从今年开始，我们也供祖宗吧。第一个，就供——最疼爱我的祖母。"

精彩赏析

本文取材于江南流传的民俗——除夕供祖宗，作者将童年时的见闻娓娓道来，完整表现了供祖宗活动的全过程。写祖母在祭祖时的无拘无束，写供祖宗时用的食物、酒水，写求保佑的话，这些都给读者留下深刻印象。在祭祖过后祖母抹眼泪的情景让人动容，她寂寞的灵魂只能向死去的祖先寻求安慰，此处描写让祖母的形象更能引起读者共鸣。

祖母的红樱桃

心灵寄语

> 抬头,樱桃树上已经挂满了火红火红的樱桃,在阳光的照射下,仿佛一颗颗又大又圆的小珠儿,如钻石般璀璨耀眼。

祖母三十六岁守的寡。

她十八岁嫁到三星来,和祖父过了十八年的日子。那十八年,我从来没有听长辈说过,也没人提起过。现在只知道生了大姑、小姑和我的父亲。所有的纪事,都是祖母守寡以后,面对樱桃花的寂寞开始的。

一

樱桃花盛开的时候,祖母就在花间晾晒衣服,在花下纺纱织布。蜂蝶在花间飞舞,我在地上玩,学种瓜种豆,后来又在花下捧着小学课本读。纺车的"嗡嗡"声,我读书的朗朗声,和花丛中来回飞舞、热热闹闹的春天的歌曲响成一片。我的许多童年时光,就是在祖母的膝前,在樱桃树下度过的。

二

自从有了樱桃树,结起红樱桃,东面的墙就开始坍塌。孩子和狗,没法子管得住。

小院东墙,是和本家隔着的。那是曾祖父一辈的本家兄弟,但到了祖父一辈,两家就不怎么和睦,东墙上的砖经常被邻家偷走。祖母总是耐着性子补了又缺,祖母骂,隔壁不理睬。

小鸟来啄食的时候,村上的孩子则一个踩在一个背上越过墙头来偷,结果墙越爬越坍,一年比一年矮。鸟啄食的时候,祖母开始用破渔网遮住,后来破渔网的洞越来越多,红樱桃尽成小鸟的甜点心。

三

等我懂事的时候,也开始捣蛋。才结了青青的浆果,我就去大把大把地采,把枝都扭断了。苦涩的就扔在地上,每次被祖母发现,她先是喊,我不听,她就吓唬我,假装要打,拿着棍子追我。祖母是小脚,跑不快,追不上。我围着村子跑一圈,又回来,不会有什么事,因为祖母宠我甚于樱桃。

不管村狗、孩子、鸟雀如何窃食、攀折,樱桃树还是在各种折磨和苦难中越长越高,花越开越多,果子越结越甜蜜。祖母每每说要采一瓶带到上海,让父亲尝尝新。但年年说,年年没有机会。有人去上海,但樱桃刚开花;樱桃红透了、熟透了、烂透了,没有人去上海。

四

我终于要去上海读书，正是樱桃成熟的季节，这是一个机会。

祖母给我准备行李：一只小藤箱，里面装着几件要换的衣服、几本读的书和一瓶红樱桃。祖母还煮了几只鸡蛋，拿了一小包盐，给我路上充饥。

樱桃是临走前采的，为了新鲜，祖母不早采，等行李都整理好，我要跟着同乡人走三里路，到王母观乘早班轮船去县城之前，才采下来用冷开水洗干净，满满地装在一只大玻璃瓶里。透明的瓶里面装满了红樱桃，像装满了一粒粒黄珍珠、红玛瑙似的。

但是，我还是注意到祖母帮我收拾行李时，一直掩泣的表情。

我一走，这就意味着，故乡就留下了她一个人和红樱桃。春天，红樱桃浮起一片粉红色的花，以后默默地在风雨中结果，鸟雀不来，我也不在。

我把我的寂寞，也给了祖母。我想，过年的时候供祖宗，祖母只能一个人自言自语了。

五

红樱桃带到上海，爸爸吃樱桃时说："甜，怎么甜得像蜜一样！"我看见，祖母在给爸爸的樱桃瓶里，全拣大的、红的、甜的。祖母为什么不装几只青的、小的、涩嘴的，也让爸爸品尝其中的味道？为什么红的、甜的给别人，苦涩的留给自己？

祖母没有说，爸爸不知道。

祖母也许说了，但是，没有人听见，我也走了。

谁能听见，红樱桃开花时"扑簌、扑簌"的声音呢？

\试卷上的作家

精彩赏析

  本文以樱桃为线索,重点介绍了祖母为后辈所做的付出。樱桃树丰富了"我"的童年,"我"却很调皮,常把樱桃树枝扭断,扔掉苦涩的浆果,对此祖母也没有真正"惩罚我"。祖母还会把又大又甜的樱桃送给"我"的父亲,而把青涩的樱桃留给自己。这些都表现了祖母对家人无私的爱。全文语言饱含深情,表达了作者对祖母的思念。

祖母的棉花

> 💮 **心灵寄语**
>
> 　　一朵朵洁白的棉花迫不及待地探出头来,如鹅毛一般柔软。这时,农民们正拿着袋子,小心翼翼地摘着棉花。

一

　　我家有一床旧棉絮,用了几十年,一直舍不得扔掉。

　　小学六年级的时候,一次祖母从乡下到上海来,有事和母亲商量。半夜里,她们以为我睡着了,但我迷迷糊糊地听见——

　　祖母说:"杨家的芬兰姑娘,人好,模样俊俏,会体贴人、又孝顺。我去提这门亲,给华(我的小名)做媳妇吧?"

　　母亲不同意。母亲说:"华还小,才读小学,芬兰是他的表姐,又比他大三岁,恐怕不适合。再说,上海人家不兴早结婚的。"此事就此作罢。

二

　　那时,我还小,对"娶媳妇"的事懵懵懂懂,似懂非懂。后来,经过的许多事情都忘记了,但此事一直记在心里。多少年后,在父亲的资助下，芬兰表姐考取江苏师范学院数学系。

一次，去苏州玩，我还怀着好奇和忐忑不安的心情到江苏师院看过她，想看看她长什么样子的，好看不好看；因为在祖母嘴里，芬兰是花一般好看的人儿。

祖母结婚时十八岁，那年，祖父也十八岁，由此想到给我提亲，但我和祖父的时代不同了。

三

既然提亲的事母亲不同意，祖母就在原来种小麦的田里种棉花。自留地很小，小脚的祖母足足种了三年才种出够弹几床棉花胎的棉花。祖母把棉花胎包好、扎好，放在母亲那里，说："华结婚的时候给华；要是我等不到那一天，你就给华吧！"

祖母一个人在乡下种棉花的时候，我没有女朋友；祖母的棉花胎弹好、包好了，我还是没有女朋友。

棉花胎放在母亲那里，一放就是十年。

等到给我的时候，祖母已经去世了；母亲把棉花胎给我，同时把祖母的话说给我听，听得我双眼满含泪水。

四

祖母种棉花的时候，结婚都用棉花胎的；但等我结婚时，已经不用棉花胎了。那时，各种各样的新材料，如腈纶棉、鸭绒被，又软又轻又舒适，棉花胎没人用。

但我对妻子纯说："我们不用腈纶棉、鸭绒被，用棉花胎好不好？"纯充满惊奇地朝我看，一脸的迷惑。

我说："棉花胎是祖母送给我最后的礼物，棉花是她亲手一年一年种出来的。"

棉被很轻，因为里面有空气，那是故乡田野上的空气、绿色的空气、祖母呼吸过的空气。

棉被很温暖，因为里面储存着阳光，那是照在祖母脸上的阳光，金灿灿的阳光。睡在被子里，我们会像初春哺育出来的小鸡雏躲在老母鸡的翅膀下面一样，不仅温暖，而且有受到保护的感觉。

纯说"好"，心里也充满激动。

五

祖母的棉被，我们已经盖了整整三十年。新棉被变成了旧棉被，旧棉花胎我们做垫被，还在用。但是，我已经有很长时间没有再回故乡了。

我永远是祖母的长孙，到老也是。

现在，母亲已经有自己的节日了。每年都有一个"母亲节"，但哪天才是"祖母节"呢？我渴望有一个祖母节，我要在节日的那一天——种一株纪念祖母的红樱桃。

精彩赏析

作者由"旧棉絮"引出祖母的故事。祖母种棉花、弹棉花，将棉花胎包好、扎好，精心制作棉被，打算在作者结婚时给他做棉被用。这一床厚厚的"棉絮"代表着祖母对作者的希冀与爱，虽然作者结婚时祖母已经去世，但作者仍能感受到祖母的温暖。文章最后作者说希望每年能有一个"祖母节"，表达了对祖母的感激与思念之情。

父亲的木屐

● **心灵寄语**

父亲那深沉而无私的爱让我铭刻于心。

父亲的木屐,是我们一家人乘的船。

一

以前,家里有很多木屐。旧了,磨损了,不能穿了,像弃置的船搁浅在岸边。

船很大,船板很厚,我赤脚穿进去,所有的脚趾都碰到前面的地面。我知道,那是父亲的大脚穿的。

木屐,也称"木拖板",是用木头做成的拖鞋。先用厚厚的木头做成鞋子的形状,前面两侧钉上橡皮,弯一弯,就成了。

二

木拖板走路时"嘎嗒、嘎嗒"的声音,清晰地响在窄窄的卵石铺成的巷子里,那是工人聚集区最有特征的音乐。

"嘎嗒、嘎嗒",木屐由近而远,那是父亲上班去了;"嘎嗒、嘎嗒",木屐由远而近,那是父亲下班回来了,如闹钟一般准时。

弄堂里也有人穿木屐,但父亲的木屐比别人厚,听起来声音比别人沉重,我们感觉得出来的。

妈妈总是说,玻璃厂工作太苦,很多人做不下去,有办法的人都走了,只有没有办法的父亲留下来。在抗日战争胜利不久的那些风雨飘摇的日子里,玻璃厂开一家,倒一家。厂倒工人散,老板发不出工资,逃跑了。父亲就像飘落的叶子,落在不同的方向,辗转流徙。

三

我到上海以后,父亲在精艺玻璃厂里做工。

父亲的厂就在弄堂东边。一次我送东西给爸爸,看到他工作的样子。

父亲手持一根铁棒,将炉中又红又黏的玻璃溶液,像棉花糖一样绕在铁棒上"挑"出炉,送到另一个"剪料"的师傅前面。"剪料"师傅用钢剪将通红的"料"剪落到钢模里,压成瓶子的形状;有的工人师傅用一根空心管子吹,把红红的玻璃液体吹成圆圆的喇叭,吹成器皿。玻璃厂是一个五花八门的地方。

我好奇地伸着脖子,想走近一点。爸爸说:"你不能上来,上面烫人。"我才看见,爸爸是站在一块烧得发红的钢板上工作的。难怪父亲的木屐那么厚,像烧焦的船。

绰号"长脚"的父亲,就这样穿着高高的木屐工作;下班的路上,人疲劳得像散了骨架,走在尘土里,像踩着高跷,在风中摇摇晃晃。

四

在我的印象里，一年四季，无论天晴还是刮风下雨，父亲总穿着木屐，他好像不穿别的鞋子。因为他上班穿木屐，而且木屐便宜。一双厚厚的木屐可以穿很长时间，别的鞋子要钱买。

父亲把买鞋子的钱都省下来，养活祖母和我们全家，供子女读书。父亲的木屐像一只船，我们全家的生活都靠这只船摆渡。

以前我在乡下读小学的时候，许多同学家里穷，交不起学费，每到学期结束，老师催学费。这时候，校长总要在广播里表扬我，说曹忠良家的学费，从来不拖延。

穷孩子们说："那有什么稀奇，他爸爸在上海做工，家里有的是钱。"

那时候，我也以为"家里有的是钱"。

十二岁到上海后才明白，家里也很穷。我能按时交学费，是父亲一双木屐、一双木屐，一分钱、一分钱，从脚上、从嘴里省下来的。

这件事，我不怪同学，但一直记在心里，想起来就难过。

五

我是父亲的大儿子，别人不注意，我是注意的。

同属于父亲的，除了焦木屐，还有两样东西，一是湿毛巾，二是父亲腿上的伤疤。

父亲上班的时候总要带一块湿毛巾，把对着炉口的那一半脸罩住。尽管如此，父亲的脸总有一半皮肤是焦的。

我小的时候不懂事，问父亲腿上的伤疤是怎么来的？

父亲说："学车摔的。"

过了几年问他，他说："小时候不听话，被爷爷打的。"

再过几年问他，他说："给乡下狗咬的。"

他每次回答都不一样。

等我读中学开始懂事时再问，他扭过头，不回答。

现在知道，是玻璃溶液和钢板烫的。父亲不想让我从小就分担忧愁，所有的艰难苦痛，他都一个人担着，不告诉我。他想让我和有钱人家的孩子一样，轻轻松松、快快乐乐地读书，只要求我在班里的成绩"数一数二"。

"你的成绩要数一数二。"这是挂在父亲嘴边的话。

虽然我小学、中学的成绩一直不好，但我也不告诉他，我报喜不报忧，像他的伤疤和痛苦不告诉我一样。我要在父亲心里留下这样的印象：他的儿子，永远数一数二。同时，我会努力学习，朝父亲的话靠拢。

后来，我真的优秀起来了，考取了复旦大学首届文学批评博士生，成了大学教授。这些，其实都是为了兑现父亲的话，他的儿子——要数一数二吧！

六

父亲去世后，家里没有人穿木屐了。因为所有的木屐都给父亲穿完，也给他带走，我们不用再穿了；正像我们家吃饭的碗，大碗都是父亲喝稀饭用的，我们现在吃饭都用小碗了。

今天早晨，我突然想起空船般的木屐，它是我家走过艰难的见证；木屐上，斑斑点点烧焦的痕迹——那是父亲一生悲怆的年轮，镌刻在我们子女思念的心里。

\试卷上的作家

精彩赏析

作者的感情流淌在笔尖,将父亲对家庭的付出描写得细腻感人。"父亲的木屐,是我们一家人乘的船。"这一句既总领全文,深化文章中心,同时"木屐"又贯穿全文,是文章的线索。文章通过列举父亲为家庭付出的事例,不仅表达父亲对家人的爱,以及父亲的辛劳,而且更突出了父亲所承担的家庭的责任,让父亲的形象更加鲜活立体。

父亲的花

心灵寄语

每个人都应有自己的兴趣爱好，有自己的精神追求。

父亲——是我心目中的花神。

一

父亲不嗜烟酒，却喜欢下棋、养花，天性里有一种精神的追求，在只能听雨的小楼四周，奇迹般地吊着上百盆鲜花。

父亲不是一般地养花、爱花，而是研究花，用花做科研工作。他把颜色好看的花和芬芳的花进行嫁接，嫁接出又大又艳丽又香的花，然后自己命一个名字。

问题是，每当他嫁接、做科研的时候，他往往直接把花盆里的泥土倒在二居室的地板上，把地板弄得脚也插不进。这个时候，我们反对，没有用；妈妈反对，也没有用。

在父亲的心里，妻子、孩子都比不上他的花，因为那是他创造出来的花。

我们都长成大人了，几次问他："花重要，还是儿子重要？"

他说:"花重要。"

这使我们对他养花,包括他的科研,至今抱"不合作"态度。

后来,他生病住院,病很重,几个儿子轮流陪夜。一次轮到我,陪到半夜,我突然问他:

"儿子重要,还是花重要?"

他紧闭着嘴,不说话,眼睛直盯盯地看着天花板。

二

父亲能箫鼓,会唱戏,闲情逸致来自祖上的遗传。

父亲是花神的子孙,我们是他的子孙。他把花的精神遗传给了我们。由于父亲的遗传,我们兄弟姊妹也都有自己的兴趣爱好。我爱好诗歌,弟弟爱好绘画,妹妹爱好编织。而且,我们在做自己爱好事情的时候,都执迷不悟,对别人的劝说,都是不听的。

几十年下来,这些爱好从业余变专业,有的成了我们的职业。我成了教授、散文家和诗人,弟弟成了画家和摄影家,都给我们带来成功的喜悦。这些都与父亲种花的精神、追求美的精神有内在的关联。

三

另外,与花直接关联的是,我结婚生孩子那年,岳母到我父母家来问我父亲,生男孩子取什么名字?生女孩子取什么名字?

问的时候,父亲正在地板上倒花盆的泥土,培植两棵他嫁接并命名的月季花:一棵是"蓝月亮",一棵是"十全十美"。他就随口答道:"生女孩子就叫蓝蓝,生男孩子就叫全全吧。"

后来我生的男孩子,乳名就叫"全全"。父亲去世时,第二代子女都忙得不在身边，就由第三代孙子全全、贝贝和外孙小星托头搬脚，将父亲从病床抬到医院冰冷的太平间。

四

开追悼会的时候，父亲睡在鲜花丛中。他的身边摆满了各种各样、五颜六色的鲜花，但没有一盆花是他亲手嫁接和培育的。

只有他以花命名的子女站成一排，围绕着他，泣不成声地为他送行。

精彩赏析

质朴的语言、娓娓道来的情感，加上对人物形象的正面和侧面描写，让读者仿佛见到了这位钟爱养花的人。文章结构清晰，以"父亲——是我心目中的花神"总领全文，然后列举具体事例表明父亲对花的痴迷和喜爱，以及父亲对养花、研究花的执着精神。

我的大姑

● 心灵寄语

> 亲人,是最大的依靠,是最幸福的港湾;亲人的爱,永远都是最无私的。

长辈亲戚中,我最热爱的是大姑。

一

1949年战争刚结束,家里很穷。那时父亲在上海打工,我和祖母、母亲住在三星乡下。因为打仗,老板跑了,工厂关门,失业的父亲在上海等救济,我们在乡下饿肚子。

为了减少一张吃饭的嘴,祖母到她大女儿(我的大姑)家过生活。不久,我们也没有吃的了,母亲便带着我,来到大姑家。

二

大姑和姑父都种田,都是贫农。姑父姓史,住在史家棚。史家棚三面环水,是一个比三星村更小的村庄。

母亲说，史家棚的人比我们三星村的人能吃苦，是跌一个跟头爬起来也要抓一把泥的。

母亲对大姑说："家里实在没有吃的东西了，能不能借点麦给我们？"

大姑说："有的时候也要想想没有的时候。"

母亲听了，抱起我，一句话不说，转身就往来的路上跑。三星离史家棚三十多里远，弯弯曲曲的阡陌小路，就算是今天开车走公路也要四十五分钟的。

三

五十年代初，统购统销。乡下的日子一直不好过，很多人家没有饭吃。但工作组在小学礼堂做报告，挨家挨户地动员，要农民把余粮卖出去。很多情况，我是亲历的。

没有吃的时候，祖母就把我领到大姑家吃白食。大姑家也不富裕，但大姑对他的弟弟（我的父亲）很照顾，我长时间住在大姑家，和三个表哥在一起。因此，说到故乡的树、故乡的云彩、故乡亲人的脸，我回忆起的都是大姑家的树、大姑家的云彩和大姑村上的乡亲。

四

即便大姑对我如此之好，母亲也是知道的，但母亲对大姑那句话不肯原谅，一直记在心里，四十年没有对我父亲说。有一次说了，父亲还责怪大姑，说："你怎么能说这个话？"大姑听了不吭声。

直到五十多年后的今天，父亲也死了，母亲回想起来才说："当时你祖母已经在她家吃了,我们再去,大姑、姑父供养不起。"

大姑收养我,姑父也乐意,但姑父说得最多、我耳边听得最多的话是:"人这张嘴怎么这么讨厌,一天三顿要吃饭;肚子也讨厌,中午才吃的,晚上又饿了。"

五

在大姑家,大姑是最喜欢我的人,样样依我,我和表哥吵架,不管表哥有没有理,挨打的总是表哥。

姑父一边找棍子,一边骂:"你们这些没有出息的东西!"

等我到了上海,中学毕业,进一家工厂当学徒,每月有了十几元钱,第一个想到的就是祖母和大姑,给她们买饼干、买腐乳等吃的东西;每次买,都尽量多买一点。

大姑说:"华(我的小名),你不要再买了。"

但我坚持买,因为当时我在大姑家,大姑从来不嫌我大麦粥喝得多。那时没有菜,姑父就在门前的小河里捞一些小鱼小虾,晒干了磨成粉,和黄豆做成"麻虾酱"。

"麻虾酱"又薄又咸,像盐水一样,夹不到东西,只能用筷头蘸一点咸水吃。表哥每次只能蘸一次,我总可以蘸两次。

我每蘸两次,三个表哥一齐扭头朝我看。大姑父瞪着眼睛对他们说:"看什么看?吃饭。"我知道,我的特殊是大姑、大姑父庇护的结果呀!

想到这些,我就会觉得,无论怎样买,也报答不了大姑、大姑父的恩情。

六

大姑今年九十八岁了,仍然在干农活。大家不要她干,她闲不住。

有一天,大姑不见了,满史家棚找不到。有人传话来说:"你家大姑在西头的稻田里拔草。"

大家奔过去,只见大姑坐在田埂上,身边全是拔的草,家里人都怪她:"一个人跑到这里来干什么?"

大姑说:"是没有用了,力气不如从前了。"

去年国庆,我回家乡看大姑,相机拍到的第一个镜头就是大姑在干农活:表哥养鱼,她晒喂鱼的草。九十八岁的人,头发、蓝布衫上满是草屑。

七

现在,离退休干部有专门的"老干部处",为他们"送温暖""送清凉";文化、科学工作者有各种荣誉、各种称号;老师也举办"某某教师从教六十周年"纪念活动。而务农九十年的大姑什么也没有,想到这里,我总有点伤心。

八

我想,就凭照片上她饱经风霜的额和青筋暴突的大手,我也应该给她办一个"大姑务农九十年纪念"。于是,小小的心愿便和故乡十月的阳光,一起照在我的博客上。

\ 试卷上的作家

精彩赏析

　　本文以作者对大姑的情感为主线，贯穿全文，将大姑这一人物形象塑造得鲜活生动。文章通过列举种种生活琐事，比如每次和表哥吵架，挨打的总是表哥，表达了大姑对作者的疼爱。大姑年过九旬仍劳作在田间，体现了她的勤劳和奉献精神。在作者细致入微的刻画下，读者深深被这个光辉形象感染，并为之动容。

▶预测演练三

1. 阅读《供祖宗》,回答下列问题。(16分)

(1)文章开头写道"漫长的冬天",请分析其寓意。(3分)

_____

_____

(2)在第六节中,采用了什么人物描写手法来写祖母在祖宗面前的表现?(4分)

_____

_____

(3)祖母供祖宗时很严肃,而儿时不懂事的"我"却说些不合时宜的话,这样写的目的是什么?(3分)

_____

_____

(4)作者对祖母的怀念之情表现在哪些方面?请结合文章内容说明。(6分)

_____

_____

2. 阅读《父亲的木屐》,回答下列问题。(13分)

(1)"父亲的木屐,是我们一家人乘的船。"文章开头这句话有什么作用?(3分)

_____

_____

103

（2）文章写了父亲的哪几件事？请简要概括。（6分）

_____
_____
_____

（3）"木屐"具有什么象征意义，寄托了作者怎样的思想感情？（4分）

_____
_____
_____

3. 写作训练。（60分）

　　家是我们永远可以依靠的港湾，可以接纳我们成长之路上的快乐和忧愁。而亲人像一盏盏灯，照亮了我们的前行之路，温暖了我们的童年。

请写一写对你很重要的亲人或记叙一段你和亲人之间的难忘的故事，以及你对亲情的感悟和体会。题目自拟。文体不限。字数600~1000。

稻草人

● 心灵寄语

> 守望,在阴晴不定的田野上,变成了一种形式、一种多余、一种奢侈、一种自我放逐。

一

在萧索的原野上,在野火渐渐燃烧起来,烟与云与衰草粘成一片的远方,麦收后的你,仍然穿着夏衣,戴着草帽,在厚重、浑茫、喊不出痛的大地上守望。

农人按自己的样子编扎了你,你是他的兄弟?他的背影?他的替身?替他守望?

守望什么呢?守望寂静、空无一人的田野吗?

农人发明了守望,但天黑了,农人要回家,于是想出用个稻草人代替自己。

二

稻草人刚扎成的时候,令麻雀一惊,令跟在孩子身后的狗一惊。竟然真假难辨,与主人一般的高矮,一般的胖瘦,一般的旧衣衫,一般的旧草帽，一般的朴实如泥土。手中的蒲扇不停地扇着，在清晨和黄昏，麻雀远远望见，吓得飞避，不敢过农田。

但不久，情况就起了变化，麻雀怕你甚于怕农人的时代很快就过去了。

因为你太善良，太懦弱，太犹豫，同情麻雀，反被麻雀欺负。

有一段时间，你不愿意驱赶它们，因为你目睹鸟雀争食，长嘴饱满短嘴饥的画面，便在执行主人命令和自己的良心之间徘徊。驱赶吧，你于心不忍；不驱赶吧，又违背农人的誓约。

你开始做好事，发善心，开始消极怠工，对饥馑而前来啄食的鸟雀采取眼开眼闭、任其自然的态度。这件事，农人不知道，谷子被啄食，他以为是自己的责任，没有怪你。但鸟雀们也不知道，不领情，以为是你无能，觉得你并不可怕。

它们先离你远远的，偷窥；然后飞近，故意从你的头顶上冲飞而过，你没有反应，它们最终知道你是稻草的、抽象的、符号的，是别人的替身——老好人。

三

现在，你的破草帽上已经停满了麻雀，甚至积满了麻雀的粪便。

它们正飞集在你的身上，叽叽喳喳。它们把开会的地点选择在破帽檐粪便的边缘，你一言我一语地辩论着秋天的色彩、秋天的成熟、秋晴的美，以及今年的饥饱、过冬的干粮。它们称你是反面教材，告诉小麻雀不要怕你，你不过是一个稻草人，样子虽然严肃，但决不会生气，不会动真格，在你的破草帽上拉屎也不会有危险。它们甚至同情地一面用嘴啄着你手中的蒲扇，一面说："啊，你是一个可怜的、过时的稻草人。"

的确过时了！世界上，最令人伤感、最令人痛心的就是过时。再美的歌，再艳的花，再靓的人，昨天盛开的，今天枯萎了；昨天当红的，今天过时了；鸟儿飞走了，落红遍地了，这就是美的代价吗？

四

随着一句咒语，麦收仪式进行过了。所有的谷子已经进仓，田野寂静下来，农人荷锄归家，鸟雀结队离去；所有曾经在田野里发生过的一切，都已像离开舞台一样离开田野。稻草人的使命已经完成，农人把他遗忘在田野上。

这时的稻草人便成了无家可归的汉子，任流浪情绪四处散逸，因思乡的沉重而低下头。

在江南，在星罗棋布、土地方整得像棋盘格子的边角上，你是一位多余的老兵，进退不得，左右不得，动弹不得。"帅"已经撤离，余下一卒有什么用？荷戟彷徨有什么用？

虽然，你还站着，保持以前的姿势不变，但已不再执着守望的意义；尽管在世纪末，稻草人的本职工作是守望，但你已经明白，自己一辈子的好时光，都在无谓的守望中消磨掉了。

五

现在，已没有多少人相信守望的信条。在阴晴不定的田野上，守望成了一种形式、一种多余、一种奢侈、一种自我放逐。

人人只关心自己的收成，谁来关心田野的秩序、良莠的区别？关心，是不是应该给守望者披一件冬衣？

下霜了，露水一天比一天重，田野开始沉睡，又回复到以前的原始状态。野火即将到来，面对野火，你无法回避。

唯有迎风的蒹葭，整齐地偎依在小河旁。

从稻草人站在那里的时候，她就认识他了。随着时光流逝，她一头忠实的青丝也相思般地慢慢变白。在漫长的季节里，稻草人守望田野，她守望着他，这是稻草人最大的安慰，并在心里酿成一种美丽、感伤和幸福的情绪。

他决心在野火到来的时候，用这种情绪点燃自己。

精彩赏析

农村的田间常有各式各样的稻草人，被风吹着左右摇摆，起到防止鸟类偷吃粮食的作用。作者以稻草人为情感载体，抒发了作者对现实中默默坚守的人的敬佩之情。文章笔调抒情，风格唯美，读之如沐春风，以独特的视角描写稻草人的一生，赞美歌颂了它坚贞不渝、无私奉献的高尚品质，让人产生无限遐想。

乘车遇偷记

🌸 **心灵寄语**

> 如果遇到盗窃行为一味忍气吞声，只会让盗窃者更加肆无忌惮，我们要勇敢制止犯罪行为，做自己的勇者。

上下班高峰车挤，是二十世纪七八十年代上海人的梦魇。

一

什么"车像闷铁罐""人像沙丁鱼"？这些比喻早过时了。随着人口数量增加，车越发挤得厉害。

来了，一辆调头的空车过来了，像从体育场那边发过来的角球，还没有停稳，人群已蜂拥向前，潮水般地涌上去，你推我挤，跃起争门。

拉住小小的车把，不问男女老少，能登得上去的全是英雄好汉。经常看到，门上挂着包、夹住腿、拽住衣服的，顾不上了。奔驰的车像一头猛兽，把咽不下去的小动物叼着就跑。

我乘的那辆，挤得太猛，巴士铁皮的外壳都挤得歪歪扭扭地变了形，像只软壳蛋。我脑袋挤在门边上，头发从铁板与铁板之间的焊缝里怒射出来。

二

这么挤的车，肯定有小偷在浑水摸鱼。我正想看看周围谁最值得怀疑，已经觉得上衣口袋被人动了一下。我扭头一看，只见一个长头发、瘦高个，样子打扮得像唱《一把火》的青年，正右手拉着车把，左手从右腋下伸向我的口袋。

我悚然地想后退，但后背被一个"光头"顶着，无法动弹，简直——偷你没商量。

像是在做梦，喊也喊不出，动又不能动，情急之中，我不禁胡思乱想。

三

我想，要是我口袋上装个微型"防盗器"就好了，他手伸进来就响，一定吓得缩回去不敢再伸。但一想，不对，我买得起微型"防盗器"，也不会乘这种胖子挤上来变成瘦子的"减肥车"。

你看，我们这辆车边上，屁股上红灯一闪一闪的轿车多的是，简直川流不息。车壳锃亮，座位都很宽敞的，有钱何不乘轿车、"打的"、"叫差头"？免受这份苦。

我又想，要是我的口袋里装条蛇就好了，他手伸进来，蛇狠狠咬他一口，即使不是条"七步蛇"，也叫他当场昏倒，至少也疼得他不敢再伸。但一想也不行，这么挤的车，人都吃不消，别说是蛇。即使带一条活的上来，挤到现在，不是挤死，就是闷死，半死不活，它也咬不动了。

现在的情况，唯一的办法，是转攻为守，"攻"魏救赵。

就是，在他用手伸进我上衣口袋的时候，我也用一只手伸进他的下衣口袋。

他出于防卫，肯定会缩回手。也许他也知道：假如大家公平竞争，你偷你的，我偷我的，我绝不害怕。因为像我们这种穷教书先生，口袋里的钱不会比他小偷更多。

但一想也不行，他到底年轻，动作快，要是他很快缩回手，又一把抓住我伸在他口袋里的手并大叫起来，结果是他成了受害者，我反成了小偷？扭送到治安联防队，我浑身有一千张嘴也说不清。

四

正不知如何是好，小偷已在解我的纽扣。我反而镇静下来，假装没看见，让他解；他解了半天，解不开。我偷眼看他，发现他偷得十分认真，像一只神色紧张的老鼠。

我突然一拍他的肩说："您别解了！这只纽扣，连我自己也解不开。"

说起来也许有人不相信，真的，我买的这件衣服是劣质产品，衣服从买回来到现在，这只纽扣我和妻子用尽力气，谁都没有解开过。想不到劣质产品也蛮好，这时候立了一功，比蛇和报警器还管用。

他吓一跳，缩回手，歌星谢幕似的一欠身，一面往门边挤，一面轻轻对我说："同志，对不起，帮帮忙。"他要我放过他。

五

同志？

我说："对不起，小偷同志，我不是你的什么同志。"

但是，我还是心动了一下。不管怎么说，比起假酒、假药、侵吞公款、拉客宰人，或借个名义，就堂而皇之地把手伸进别人口袋的那些人，我宁愿遇到小偷。不是说小偷比他们可爱，比他们高尚；而是，小偷比他们好防范。小偷偷完溜走了，他们却站在道德的制高点，连你的钱箱一起搬走，更加可恶。

我抓住他的胳膊不放，想拉他到治安联防队。可汽车到站，猛一刹，车门一开，我们像山崩时飞迸出来的石头，那家伙像一条被截断尾巴的蜥蜴，挤进人群不见了。

六

不久我也到站了。

想到刚才有惊无险的一幕，我要感谢的竟是劣质产品。既幽默，又嘲讽，无可奈何。想笑，一提包，笑容突然凝固了——

天哪！不知什么时候，我的包被人划开了一道长长的口子，包里的五脏六腑，全都鱼肚肠般地拖出来了。幸好，里面没有值钱的东西。

精彩赏析

　　作者完整地叙述了自己遭遇小偷的整个过程和心理活动，语言诙谐活泼。文章开篇用夸张的手法写公交车的拥挤，鲜明表达了作者的情感，也为下文小偷的出现做了铺垫。其中第三节"意识流"的写法更是别出心裁，增强了文章的可读性。结尾出乎意料，下车后刚松一口气的作者惊讶地发现自己的包被划开了，言语间透露出深深的无奈。

养草书斋记

● 心灵寄语

> 即使在无花的时代,你们并不寂寞。不求喧哗,只求默默地发展自己,用充满个性化的绿涂满空间,也就够了。

书斋窄小且霉,无窗的日子只能听雨。

一

环壁皆书,有鼠活动其间,驱之不去;走廊光线暗淡,小心碰头;室内尽堆杂书,门开一线天;人须侧身过,瘦子勉强可,胖子要减肥。

遇有关心我住房的领导来访,站的地方也没有。我就在门口钉一排大铁钉,把来的客人,统统"挂"在墙上。

其实,书斋小不可怕,只怕俗,因此想到养花。郑板桥说:"室雅何须大,花香不在多。"

二

养什么花呢?事先没有设想过。

牡丹太富贵,不适合读书人,还是让"先富起来"的个体户养吧!荷花最清高,可哪里觅这一亩半亩不深不浅的池塘?菊花固然好,但要到秋天,我没有耐心。不管什么花,养起来再说。正这么想,有人送来君子兰。

久慕芳名啦,我快乐得担心,我的小书斋不配,她的高贵、雅致、清香,我消受不了。

我如何侍奉她,你可以想象。我发誓一辈子让她饮琼浆,沐雨露,白天在最高一层的阳光里灿烂。

我买来一大堆《花经》,不懂就翻,处处赔小心。浇水、施肥、除虫拔草,书上这么写着。草是花的敌人,必须拔去。

我觉得草和花是朋友而不是敌人,因此,刚拔的时候,极犹豫,下不了手。

春天的原则是竞争,竞争的原则是公平,我有什么资格剥夺盆草生存的权利?草虽卑微,不同样是她们脚下土地的拥有者?

但人人爱花,没有人为草考虑;为了花的荣耀,草只能作沉默的牺牲。她们的族类太多,物多必贱,这是一个悲剧。

我一开始就注意到草的存在,并努力按春天的原则办事,允许她们同在花盆里,因为她们渺小的绿,正可作花的陪衬;花是红粉佳人,需要草青裙的婢仆。

但小花盆容纳不了过多的插足者。一不留神,竟然长满了,草盛花稀。

三

有一次,花昏厥过去,我疑心是草的谋害。愤慨中忘了原则,拔草,一棵不留。它刚冒头,立足未稳就去拔。拔去大的长小的,拔了这边长那边，她顽强地长，我顽强地拔。

然而，花在我与草作斗争的时候死了，简直是噩耗！

我悲伤的程度与尽心的程度成正比。为证明我的虔诚，再养别的花：杜鹃、月季、茶花，全都活的进来，死的出去，绿的进来，枯的出去，宠之愈甚，弃之愈疾。只留下一堆枯枝败叶给我纪念。

我不要这些纪念，看它们只会引起伤感，我把盆堆出去，叠在没有阳光的角落里。尽管每只盆里都有一段令我动情的失恋故事。

我的书斋依然霉而窄小。

四

春夜，一轮朦胧月，纸船一般，在梦海里沉浮。

耳畔、心里，是什么在涌动、在骚扰我？越来越清晰，简直是千军万马在齐声呐喊，我听到冲锋陷阵最悲壮的号声，排山倒海般进行着伟大的北伐，如月激起潮水般突如其来的共鸣。

听得很清楚，起来寻找，什么也没有；躺下，又在耳畔骚扰起来，如此反复，终于听清了：有战士在擦枪、拔节、啜水。走到室外，翻开倒扣的花盆一看，猛地愣住了——

啊！从哪里来的这一盆盆密匝匝的油油的绿，这一簇簇透明的生命、这一盆盆陌生的草原？它们都昭示着生命原色的意义。

我惊喜得不能自抑，几乎是用道歉的口吻轻轻地问："是你们吗？是你们又回来了，趁花不在的时候？"

不记仇了吗？你们，这些，拔不完的后代。我终于明白了：在一场毁灭性的大劫之后，最能生存的还是卑贱者。

即使在无花的时代，你们并不寂寞。不求喧哗，只求默默地发展自己，用充满个性化的绿涂满空间，也就够了。

五

居然还开出小花,在春天将尽的时候,星星点点,闪闪烁烁,像落在盆里阳光的碎屑。知道进不了《群芳谱》,仍然艰难地证明自己,对蔑视你的人?

我忽然感到一阵内疚,赶忙满怀歉意地把草搬进屋,端端正正地放在原来花的位置上,并且宣布:书斋,从此,养草了。

六

我终于悟出:与寒舍最相宜的是草;懂得草,也就找到了自己,因以名其斋。

精彩赏析

这是一篇语言优美又充满哲思的散文,作者记叙了在书斋先养花后养草的前因后果,字里行间流露出心境的豁达。"为了花的荣耀,草只能作沉默的牺牲。"文中这句话最先表明了作者对小草的态度。养花时,尽管作者精心照料君子兰,但君子兰还是很快地枯萎了;然而小草却悄无声息地生长出一片绿意。于是,作者最终改养草,这表现出作者对小草精神品质的赞美和敬佩。

丝 瓜

● 心灵寄语

> 丝瓜青青的好,老了也好;老了的丝瓜,外表老,内在的筋骨更简练,越洗越淡,越淡越有一种筋力。

一

有了一点多余的土地,就像有了一点空余的时间,总要种点什么。

东邻送来三棵丝瓜秧,妻栽在院子里。

尽管妻栽得很认真,但她毕竟不懂稼穑之事,又过了栽种时节,只抱着玩玩的态度,对活不活不抱希望。

但几天后,小丝瓜秧却认真地探出头来,伸直了脖子,新鲜地看周围的一切,慢慢地,撑开绿色的小伞。

妻听人说,丝瓜是要爬的,于是就在瓜秧和二楼之间,拉了几根塑料绳子。但准备不足,没有扎牢,丝瓜刚上去,风一吹,绳子摇摇晃晃,要掉下来。不久,绳子真的断了,好在小丝瓜已经抓住了二楼阳台的栅栏,身子虽然悬空,但没有坠落。

二

栽丝瓜的时候，妻在上海家中，我去台湾教书。此后，我们的电话，除了父亲的病情，母亲的身体，儿子的功课，六阿姨去澳大利亚探亲外，三棵丝瓜，便成了我们每次谈话必不可少的内容。

青青的丝瓜藤就像电话线，攀缘在我和妻中间；每一片叶子，都是一张绿色的贺卡，记录了我们愉快的谈话。

暑假，我从台湾回来，丝瓜已叶柄如盖，团团围住儿子住的房间，遮住了读书的光线。瓜蔓在风中四面摇摆，碰到纱窗，细长的手心便分泌神奇的黏液，钩住纱窗，爬成一片。

三

期待中，丝瓜开花了。

金黄的喇叭花一吹，立刻引起藤蔓震动，小蚂蚁起劲地爬上爬下；酝酿了很久的蓓蕾，被一阵骤雨，无情地棒打；雨一停，完了，地上全是打落的花蕾。工科出身的妻，以前是从来不理解文科林黛玉惜花之情的，今天也一边扫着落花，一边可惜地说："唉！一朵花就是一个丝瓜哩！"

但成熟总在风雨的考验之后，丝瓜也一样，这是自然规律。

刚结出的小丝瓜，躲在叶子底下，跟你捉迷藏；叶子重重叠叠，要不是它还戴着一顶萎谢了但还来不及脱卸的小黄帽，真的不容易发现。

我现在多了一件事，就是每天早晨，与妻到院子里看丝瓜，每发现一个隐藏在叶底的丝瓜，就像诗人写出一句诗，天文学家发现一颗星星一样快乐。

第一个结出的丝瓜，小胳膊般一尺长了。世界上又多了一个新鲜的少年,挂在藤间的样子,又别致,又年轻。

不知从哪里飞来一只蝈蝈,此时,停在青青的丝瓜上,齐白石看见,就变成一幅国画了。

四

栽丝瓜的时候,我和妻没有分歧,大家都说:"栽。"结丝瓜的时候,分歧就来了。

我是个唯美的人,讨厌实用主义,以为凡事一实用,必然导致势利。对于丝瓜,我宁可让它像图画一样在藤叶间挂着,而不是为了吃。

我对妻说:"长出来的丝瓜,就让它挂着,欣赏欣赏,不要摘下来。我们不缺买丝瓜的钱,真的吃丝瓜,可以到菜市场买。再说,老了可以做丝瓜筋,多余的丝瓜筋可以送人。"

妻反驳说:"你的想法总不切实际,种丝瓜就是为了吃;不吃,让它空挂着,就像人才放在那里不用,不是浪费吗?再说,菜市场里,我从来没有看见这么大、这么亮、这么新鲜的丝瓜呀。"

五

瓜是她栽的,她的话算数,儿子掺和进来,也说丝瓜该吃,最后少数服从多数,听她的。由我摘,由她做菜。

半小时前还挂在藤上的丝瓜,现在已经碧玉般被切成一段段,和着金黄色的蛋,变成丝瓜炒蛋盛满一大盘。

大家都有点迫不及待,眼睛如闪电,筷子像雨点。都说:"好吃!好吃!从来没有吃过这么鲜嫩的丝瓜。"也许丝瓜是自家栽种的缘故吧!因为喜欢吃肉的儿子,从来不说蔬菜好话的。

吃不完，我们就分赠邻人、亲戚朋友，凡来我家的人，要丝瓜的，可以指明要藤上的哪一个，我摘下来就送，邻里关系融洽多了。

六

不过也有例外。

那是西面隔壁人家，因为他家的车乱停放，老把车停得人不好走路，我去交涉，隔壁大爷听了不高兴地说：

"那好，咱们以后井水不犯河水。"从此，见面不说话。

不知道为什么，他们不喜欢种花草，院子一律铺地砖，中间几条健身用的卵石子小道，嵌成一片大海的波浪。

我在自家院子里栽花、种竹；他站在他家院子里虎视眈眈，用眼睛盯着我。

两家院子只隔着低矮铁栅栏，我种的竹树，如果现在太靠近栅栏，以后长大，就会侵犯了他家的领空；在他监视的目光里，我把竹树小心翼翼地栽种在离铁栅栏一米的地方，生怕靠近了，花瓣、叶子会落在他家院子里。

别说残花杂草落到他家院子里，就是到了晚上，月光把我家竹树的影子投射在他家砖石上，他也不高兴。

两家的关系，看起来不相干，其实很紧张，但是，丝瓜不知道。

七

在爬满儿子的小屋以后，丝瓜突然西进，攀住邻家二楼的阳台，从窗口窥探隔壁的虚实。

我已经觉察到其中的危险，有几次毫不犹豫地将瓜藤拉过来，不让它越界。但你越拉，它越有离心力。

一个不注意，它就过去了，像蓄谋叛逃的士兵，你即使枪毙一批，也不可能阻止它们逃跑的决心，不可能把队伍重新拉回来，不让它们离开。

我暗暗叫苦，并做好邻家把瓜藤折断、踩碎以后扔到我家院子里的准备。

但邻家没有拉藤，也没有扔，而是忍着，他越忍，我越虚。

一次，我对站在院子里的大爷说："啊，很抱歉，我家的丝瓜跑到你家去了。因为丝瓜不知道我们是两家，它过去，我没有办法。"

大爷不吭声。

我说："这样吧，我们说定了，凡是爬到你家结出来的丝瓜，全部归你家，好不好？"

大爷还是不吭声，从表情看，他默认了。

但紧接着又出现了一个问题：爬到邻家结出的第一个丝瓜，不偏不倚地结在我们两家墙的当中。

我对妻说："这是一个有争议的丝瓜，两家都拥有主权，我们明天把它摘下来吧。"

妻说："好。"

第二天早晨，我去摘，一看，墙中间的丝瓜昨晚已经被邻家摘走了；也许他们也看出，这是一个两家都可以摘的丝瓜吧！

八

由于瓜藤的牵引，我们和西邻又说起话来。

丝瓜青青的好，老了也好；老了的丝瓜，外表老，内在的筋骨更简练，越洗越淡，越淡越有一种筋力。

今年完全没有准备，也惹出这么多惊喜；明年，我们准备把丝瓜栽在朝南的门边，门前搭一个凉棚，让它舒舒服服地攀爬。

我和妻儿坐在瓜棚底下，小扇扑萤，纳凉聊天，切一盘西瓜，谈诗歌，谈人生，谈家常，谈泥土的恩惠，我想，一定是很有趣的。

精彩赏析

文章开篇直入主题，按照顺序写了丝瓜发芽、爬秧、开花、结果的生长过程，作者构思巧妙，一线串珠，让我们感受到丝瓜生命力的顽强，以及作者对丝瓜的喜爱与赞美之情。其间还有一段小插曲，丝瓜以它的顽强和热情化解了作者与邻里间的矛盾，作者对丝瓜的感激溢于言表。文章语言细腻生动，感情也抒发得自然真挚，令人赞叹。

扁 豆

● 心灵寄语

> 我重视泥土的生命,草木的诗篇。秋凉了,在满架秋风里盛开的扁豆花,是古代买不起洛阳牡丹,当今买不起日本蕙兰的人家的风景。

一

种了丝瓜种扁豆,就像去了苏州去杭州,我完全有自由。

丝瓜栽在后门的墙边,弄一根塑料绳让它爬上二楼又去了邻家;扁豆则栽在靠北连接公共绿地的栏杆边。

一开始,丝瓜长得快,因为那是从东邻乞来的秧苗,已经经过培育;扁豆则是扁豆籽,无声无息地种在泥土里。

真的无声无息哩,种下去以后,浇过几次水,一点儿动静也没有,不见冒芽,急死人了。

丝瓜早上了架,长势很旺了;扁豆出土,努力追赶,已经赶不上。扁豆未蓄花,丝瓜金黄的喇叭花已经满架地吹起来。

二

丝瓜叶子肥大，扁豆叶子圆小；丝瓜花是黄喇叭，扁豆花是红背心，而且反穿在身上。

丝瓜和扁豆的关系，好像一个是表姑，一个是侄女，蝴蝶、蜜蜂也是这么认定的。它们先是围着丝瓜转，渴求花心黄黄的蜜；当丝瓜不再年轻，扁豆花的笑容，开始灿烂起来，以前找丝瓜的蜂蝶，又都转向扁豆，围在红紫相间的扁豆花周围飞舞。

和丝瓜一样，扁豆也会爬藤，也是攀岩勇士。但妻不知道，就随随便便地把它们种在竹林的边上。

其实，扁豆最喜欢篱笆墙；假如有一段篱笆墙，哪怕是倒塌了的破旧的篱笆墙，扁豆都会把它视为故乡，在上面生活一辈子。

但是，和大多数物种一样，在错误的地方种下去，就在错误的地方长出来。

竹林边的扁豆无所依傍，就缠上竹子；竹子不愿意，但没有办法。扁豆爬上去，到了竹梢，才发觉上不去了。竹子的腰，太细，太轻盈，风一吹，便前俯后仰，弄得扁豆也像走钢丝的运动员，前后左右，摇摆不停，扁豆和竹子都渴望有一天能平静下来，但风不肯停止。

三

扁豆、丝瓜一天天长大，土地一天天活跃，院子变换生命，从绿色的语言，变成黄色的、红色的语言，从叶的语言，变成花的语言、果实的语言，就像一路上变换的红绿灯。

扁豆花枯萎的时候，开始紧抱果实的荚，像年轻美丽的妈妈，幸福地紧抱着婴儿不放手。

扁豆种得早的,早已结得满架;我家的扁豆还在开花,扁豆也小。但我仍然很高兴,因为这是我家的扁豆,是我家小院的第一次收获,只要扁豆不嫌弃我们就行了。

扁豆花的情人是一只停在豆叶上绿色的螳螂,提着长刀,注视四周,负责保安;还有花背硬壳甲虫,负责生态平衡——生态平衡是最理想的状态。

四

据说,以前有钱的人家院子里是不种扁豆的,但我重视泥土的生命,草木的诗篇。秋凉了,在满架秋风里盛开的扁豆花,是古代买不起洛阳牡丹,当今买不起日本蕙兰的人家的风景。

为了让不喜欢吃素菜的儿子对泥土有感情,我命儿子提一只竹篮,去院子里摘扁豆。前后摘了三次,每次都是满满的一篮;收获的,不仅是甜蜜的香味,紫红色的花,更有餐桌上鲜美的油焖扁豆。

五

土地是最憨厚、最可靠的仆人;只要你肯耕耘,它不会辜负你;种瓜得瓜,种豆得豆,就是真、善、美。

每天饮水,煮瓜,食豆,枕着胳膊睡觉,也是一种很好的生活哩!

精彩赏析

　　每个人都对自己种下的植物有深厚的感情，想把它的美、它的可爱之处告诉别人。作者非常喜爱家里的扁豆，用生动的语言写出了扁豆的生长过程，把它每个阶段的特点展示得分外清晰，体现了作者非凡的观察能力。文中不止赞美了扁豆，还赞美了土地，说土地是"最憨厚、最可靠的仆人"，表达了对大自然的感激、对生命的敬畏。文章前三节状物，后两节言志抒情，思路清晰，条理性强，这样安排也让文章多了几分深邃与厚重。

▶预测演练四

1. 阅读《稻草人》,回答下列问题。(10分)

(1) 为什么说稻草人是"老好人"?(2分)

_____

_____

(2) 联系上下文,如何理解"人人只关心自己的收成,谁来关心田野的秩序、良莠的区别?关心,是不是应该给守望者披一件冬衣?"(4分)

_____

_____

_____

(3) 文章最后一段,"他决心在野火到来的时候,用这种情绪点燃自己",有何作用?(4分)

_____

_____

_____

2. 阅读《养草书斋记》,回答下列问题。(10分)

(1) 作者都养过哪些花?为了养好花,作者做过哪些努力?(3分)

_____

_____

(2) 联系上下文,对下面的句子进行赏析。(4分)

耳畔、心里,是什么在涌动、在骚扰我?越来越清晰,简直是千军万马在齐声呐喊,我听到冲锋陷阵最悲壮的号声,排山倒海般进行着伟大的北伐，如月激起潮水般突如其来的共鸣。

（3）阅读全文，具体谈一谈你得到了哪些启发。（3分）

3. 写作训练。（60分）

生命中遇到的每一个人、每一个事物，发生的每一件事都有其独特的意义与价值。有些教会我们成长，有些带给我们感动……你的生命中是否也有这样的一个人或是一件事？请写一篇作文，题目自拟，文体不限，不少于800字。

《客寮听蝉》花絮四则

心灵寄语

> 我苦涩地笑在日本小酒店矮檐摇晃的红灯笼下，那种相对而语的荒寒意境，今已不可复得。

一、《客寮听蝉》赊过两次酒钱

1993年7月，日本的中国古典文学研究会在京都大学召开。与会者排队，每人交15000日元作为会议费和餐费。

因为囊中羞涩，轮到我时，我很迟疑，表情不自然；要交这么多钱，我甚至有退出这个会议的想法。但负责收费的木津佑子看了四周一眼，轻声对我说："兴膳宏先生说，不收曹旭教授的会议费。"当时我受到的冲击和震撼，以及对我自尊心的伤害，我一辈子不忘，并且成了我写这本书的动力之一。

按照日本的习惯，全体"一次会"结束后，还有圈子小一点的"二次会""三次会""四次会"。每次换一个酒店喝酒。说喝酒，其实是和日本同行交流。换酒店，缩小圈子，朋友越来越知心。

京都大学蔡毅博士邀请我参加他们的"二次会"，我拒绝了。

蔡毅诧异地问:"为什么?"

我说:"我没有钱。"

蔡毅说:"那没有关系。你不是有四篇稿子在我这里吗?每篇5000日元,够喝几次酒。"其中第一篇就是《客寮听蝉》。

著名的旅日画家谢春林非常认可这篇文章,说:"你来日本一年半,写出这篇文章,也就值了。"著名女诗人林祁也说:"这篇文章,会在你的生命里留下来。"但是,这些都抵不上燃眉之急,一纸文章,为我赊过两次酒钱。

我苦涩地笑在日本小酒店矮檐摇晃的红灯笼下,那种相对而语的荒寒意境,今已不可复得。

幸运的是,当时中国留学生办的刊物稿费,竟比大陆报纸杂志的稿费高好几倍。

二、标准答案是"霸王条款"

回国以后,这篇文章发表在2006年9月的《文汇报》上。这年10月,上海中学高三语文期中考试,以《文汇报》上这篇文章为试题,分析理解。

我们学校的刘晓敏先生打电话跟我说:"《文汇报》上的那篇《客寮听蝉》是不是你写的?"

我说:"是的。"

他说:"你电话不要挂,我女儿有问题问你。"

等了一会儿,他女儿说:"曹伯伯,我们学校考试考到你的《客寮听蝉》,有五个问题,一共25分。我能问你吗?"

我说:"问吧!"

\试卷上的作家

她问:"这篇文章表达了作者什么样的思想感情?"

我想,文章是我写的,表达我什么样的思想感情,回答还不容易,我就说:"表达了我思念家乡、思念祖国的……"我还没有讲完,电话那一头就没有声音了。

我说:"怎么了?"

她说:"不对。"

我说:"什么不对?"

她说:"你说的和我们的标准答案不一样。我也是这么回答的,结果错了。"

哪里来的"标准答案"?我感到滑稽。《客寮听蝉》有一段这么写的:

来了;唱完;飞走;我们都一样。在这里,我们都是客。你客于树,我客于寮;你客于夏,我客于秋;你是天地之客,我是他乡之客;你属于造化,我乃是逆旅。我们共同的感受:一树碧无情,春归在客先。

她问,什么是"造化"?什么是"逆旅"?我一一回答。我觉得我的回答是对的,好歹我是教授、博导、中国作家协会会员,研究古典文学的。但她对我的回答都一一沉默,因为我说的——都不符合标准答案。我倒有点害怕了,因为假如让我坐在他们高三的教室里考这门科目,是会不及格的。

这件事,让我想到中学语文教育,标准答案权力太大了。不仅学生,连作者也被抓起来,上了手铐脚镣,一点儿想象的空间也没有。但我又想到,古人早就说过,"作者未必然,读者未必不然"。

也许这就是标准答案可以任意"未必不然",以致成了"霸王条款"的原因吧!

三、《客寮听蝉》进了大学语文教材

上海戏剧学院的黄意明教授和上海音乐学院的杨赛教授联合主编艺术院校的《大学语文》,由高等教育出版社出版,选了我的《客寮听蝉》。他们的解说,和我的想法是一致的。

由于许多大学都采用,现在这本教材,已经突破艺术院校的范围,成了高校《大学语文》教材的一种,还得了上海市优秀教材奖。《客寮听蝉》被做成课件,在许多高校的课堂上讲解,让几年后听到这一消息的我,高兴得不知如何是好。

四、我有三十六个《客寮听蝉》的"日译本"

我以前在日本教书,日本学生不满意教材中有迂腐气息的课文,要求我换。我一时找不到适合的文章,自己刚写了《客寮听蝉》,觉得满意。有关方面同意,我就换成这篇文章。

上课给日本学生讲解,我特别来劲,有真切的体会,融入真情实感。

学生听得很感动,都说好。

学期结束,考试的时候,最后一道大题目是:

请将《客寮听蝉》翻译成日文。

我的课堂有三十六位日本学生,人人翻译;有一位迟到的学生,

\ 试卷上的作家

我最后还等她做完,然后把试卷拿到事务室复印一份,带回来。所以,我至今藏有《客寮听蝉》的三十六个"日译本"。

留日散文结集的时候,我就取名《客寮听蝉》。

  本文由四个独立的小节构成,讲述了《客寮听蝉》写成后的四个故事。第一个故事讲作者早年在日本生活拮据,一纸文章,为他赊过两次酒钱;第二个故事写了作者对应试教育下语文"阅读理解"的反思;第三个故事写了《客寮听蝉》入选大学教材后作者的欣喜之情;第四个故事讲作者收藏了学生们对《客寮听蝉》的"日译本",体现了浓浓的师生之情。四个故事都紧紧围绕着《客寮听蝉》来写,表现了作者对这篇文章的喜爱和自豪。

寮门和门前的静物

🌷 心灵寄语

> 门前的一切，都被时间凝固成绿色的琥珀，成了寮门前的静物；每当夕阳把木门和门上的旧铜把手镀成厚重的油画，寮门便成了黄昏。

我写的是，日本京都的"光华寮"。

一

八十年前，当京都左京区还是一片菜地，京都大学对面，还杂居着歪歪斜斜的小木屋，这幢耸立在小坡地上的五层楼洋房，便鹤立鸡群，成了豪华的象征，庄严的大门华丽、辉煌，令人仰望。

二

八十年过去了。

虽然，八十年前的树，都已长成森林，仍然忠实地拥围在寮的四周；但风雨的侵袭，岁月的刻画，昔日的光彩，不知从哪一天开始，寮门黯淡了，剥落了，开裂了。寮的大门，破得像老人合不拢的嘴。

和它相伴了半个多世纪的老锁,也老伴一般与老钥匙离异,不再相守在一起;至今,已不知被管寮人弃置到哪个角落里去了。

唯有这扇门,仍然像个瘸腿老人,拐着杖般转动着,天天开合,迎送着进寮出寮的人。进寮出寮的人,对这扇大门既不注意,也不怜悯。他们有时用脚使劲踢开,然后一旋身,猛然关上,"嘭"的一声来,"嘭"的一声去,震得寮墙上的泥灰,"嗦嗦"地往下落。

三

只有我觉得这是我的旧居,异乡住久了,就会产生一种留恋的感觉;其实不是留恋异乡,是留恋自己。

经常一个人在门前驻足徘徊,看门前的树影,听门前的风声,看进寮出寮的人,楼上晾着红红绿绿的衣衫——风把画面吹得动起来,表明寮还是个活物。

门前的一切,都被时间凝固成绿色的琥珀,成了寮门前的静物;每当夕阳把木门和门上的旧铜把手镀成厚重的油画,寮门便成了黄昏。

窗户是楼的眼睛,门是楼的嘴;没有了锁的门,是牙齿脱落了。虽然自来日本,我就发觉日本的治安很好,许多人家夜不闭户。但是,晚上关上大门,毕竟能使一天变得完整。

没有锁,就用旧电线,把两扇门的把手捆扎在一起;电线的一头先在一只把手上固定好,然后把另一扇也扎起来。

除了电线,还请石头帮忙,用一块不规则的石头,抵在两扇门的当中。这时,时针和分针正好同时到了午夜,管寮的F便睡觉去了。

这样的门,防君子,不防小人,也许还可以防野猫吧!

四

管寮人前脚走,后脚就有动静。

先是石头被"嘎嘎"转动的声音,接着,出现一只黑手。两扇门之间,原来是紧闭的;但后来像越剔越大的牙缝,手就从两扇门的缝隙中伸进来,解缆绳一般解开电线。

如果是拍电影,半夜三更,手伸进来拧开电线,黑影破门而入,一定够吓人的,但这样的情景,我们见多了;而且,有时回来晚了,自己就是这只黑手的主人,就不用怕了。

住在寮里的人,五花八门,没人能弄清彼此的作息制度。有人清晨出去,傍晚回来;有人夜半出去,清晨回来。因此,用电线扎住,用石头抵住,都是象征性的。扎住、抵住的时候,表明一天结束了,但寮门并没有因此空闲下来。

再说寮门前的静物。

五

门前的静物之一:簇拥着寮的高树。

寮前是一个日式庭院,有一片小树林,朝大文字山的方向,从北白川折入,左拐,有一条小路,大约三十步,就到了寮门。

因为门前的松树太高,站在树下看天,太阳是青青的一轮,如印象派的画。

庭院的小树林里,红枫、乌桕、樱花、枇杷、广玉兰、柿子树,密密匝匝,分割天光。从树隙里漏出的光影,像谁家的白鹅乱下蛋,一条小路银斑斑。

到了秋天,晚上回寮,清风里忽然飘来一阵浓郁的桂花香味,就知道刚才数的，还漏了桂花。

寮门前静物之二：寮门两旁，停放了许多自行车。

自行车从檐下排到檐外；小树林边也三五成群地停着。

开始我很惊讶，有的车没有上锁。再看，都没有锁，都是无主的车。

记得刚来的时候，一次有急事，想"借"一辆骑骑，把车推出。刚上车，不行，骑不了。一看，前后胎都是瘪的，没气了；换一辆试试，不试不要紧，一试，全没气的，一排都是。

人住在寮里，车停在门外；人走了，一去不返，车被弃置一边，成了门前的静物。

失去主人，瘪了胎的车，像一群瞎了眼、不能行驶、只能偎依在港口躲避风浪的破船，或整齐或不整齐地排列着，空荡荡地停泊在门边。寮前绿得透亮的树影，轻轻地笼罩在一辆辆车上。

树影被风一吹，细细的绿浪便均匀地向前涌动，一波一波地扑向寮门，在旧木门和玻璃上一闪一闪的。这时，是树在晃，影子在晃，光斑在晃；但你不觉得，你会错误地以为，是门前的车在晃，是停泊的空船在晃，像荡起双桨一般。

六

车是什么时候停的？主人是什么时候走的？都无人过问，也没人知道。但可以凭车架上的雨痕来判断。

刮风了，下雨了，这些聚集在寮门前的无主车一任风雨。风雨会在车身留下印记，假如你真的对你的坐骑有感情，弯下腰仔细看的话，你会发觉，座位和三脚架上有深深浅浅的雨痕。

车之有雨痕，如脸之有泪痕；泪干了，痕迹留在脸上。尤其是春天，尤其是细雨，淅淅沥沥，滴滴答答，不停地，旧痕未了，又添新痕。

此外，便是看车前的铁丝网兜，根据网兜里的落叶来判断。

泊在这里的车，一年四季，网兜里总会有东西。多数情况下，是一张张印得精美的广告，纸好，花花绿绿的，琳琅满目有超市的购物传单，也有周年祭、京大举行话剧公演的节目单……这些都是发广告人的劣迹。

有主的车，第二天，主人就会把这些精致的垃圾清理掉；无主的车，只能等风吹，等雨淋；吹不掉，烂不掉的就兜着。

还有，你估计车主人离开的时间，要考虑季节，不同的季节，车兜里的内容是不同的。

除了人发广告，大自然也发：春天发落花，夏天发浆果，秋天发红叶，冬天发残雪；一年四季，季季有发。

只要天气预报说，西伯利亚寒流裹挟着暴风雪，北海道大雪没膝，不久，京都也下起了雪。雪在电视里纷纷扬扬，行人蹒跚，雨伞歪斜，寮门紧闭；不觉第三天，雪停了，你走出门，发现每一辆车的网兜里，都盛满一网兜洁白的雪。

细心的人知道，春天，有花开，也有叶落；有的叶子，经得起冬天的严寒，却经不起春天的熏风，在软绵绵的鸟语里，不当心坠落下来，无言地落在兜底。

夏果最惬人意，树上黄澄澄的枇杷，乌鸦争食，碎屑洒落得车兜里外都是。

秋天的内容最丰富，色彩最多。一天、三天、一个星期、一个月，枯黄的叶子成正比例地增加，不用一年，黄叶便会与网兜上端的铁丝平齐。

七

开始不懂，这些无主的旧车、瘪车，为什么不扔掉呢？

后来知道，在日本，这些东西都是不能随便扔的，扔到街上要罚款，扔到垃圾收集站要付费。

管寮的F曾经请垃圾收集站的人来看过，要把寮门前和走廊里的垃圾清理干净，至少要花费三百万日元；没有人会出这笔费用，车就永远停在门外，为旅人遮蔽风雨的寮，也成了车的庇护所，堆着、放着，成了超现实主义、后现代派绘画大师的杰作——用废铁，用一圈一圈钢丝构成图案，成了寮门外的静物。

八

我曾在寮里住过，有两辆自行车，一辆是自己拣的，一辆是朋友张伯伟送的。

他走了，车不要了，送给我，我便有了两辆车。它们现在也都成了无主车，永远泊在寮檐下，不知怎样了。

屈指算来，我离开京都已经一年又一个星期了，也许，车身早已布满雨痕。里面的枯叶，也早与网兜平齐了吧！

精彩赏析

这是一篇由寮门和寮门前的静物组合而成的优美散文，富有诗意、灵动传神的语言寄托了作者对寮里生活的怀念。文章重点描写了三种景物：寮门、簇拥着寮的高树、寮门两旁被遗弃的自行车。在作者细腻的描绘中，简陋的寮门别具一番诗意，阳光下的小树林引人入胜，那些被遗弃的自行车仿佛有了生命，诉说着若有若无的情思，呈现出一幅绝美的群景图。这样的日式庭院，这样的美景，谁又能不流连忘返呢？

客舍枇杷

> 🌸 心灵寄语

> 伏案时,满书桌的树影一起摇动,晃个不停,我知道起风了;"噼噼啪啪"的一阵瓦鼓响,叶子乱成额前淌水的刘海儿,我知道下雨了。

初夏客舍,我凝视着窗外的枇杷,依依话别。

一

那是我居住的日本留学生"寄宿舍"。

很久以前,一个从中国广东来京都留学的年轻人得了重病,知道此生不能返回家乡,便把从广东老家带来的枇杷种子,种在异国的土地上。

他以花开花落,计算来日本的时间;以枇杷黄熟,镌刻年复一年的悲伤;长歌可以当泣,望树可以思归。

他虔诚地种下去,但不知为什么,他有心种在寮前的都没有活;只有几粒被他遗忘的种子,不小心从窗台洒落到窗下的泥土里,无意漏成异乡的春天。

发芽了，几棵树苗，害怕被人抓住似的挤挨在墙根，不该这么拥挤，这么紧靠墙根的，但不小心便成了命运。

尽管有老墙为它遮蔽风雨，提供庇护；但凡是从中国来的种子，要在这片异国的土地上生根发芽都极不容易。

东墙已经长着许多盘根错节的高树；他们居地自傲，睥睨远山地垄断阳光，主宰雨露，划分势力范围；他们宁可把光线切割成闪闪烁烁的碎片，洒在地上喂蚂蚁，也不让其他小树生长。

挤在一起的枇杷苗，只能偷渡客般地绕过弯角，先伏在地上，爬到墙边，然后曲折而上，越过东北角，拼命地向上攀升，终于冲破高树的封锁，见到蓝天的颜色。然后越长越茂盛，越长越美丽：长得枝干修长，叶大如掌，色如碧玉。

先一楼，后二楼，等我入寮的那一年，已长到三楼的窗户，黄澄澄的枇杷，已经结得很多很多。

二

一年四季，枇杷树会穿深浅不同的衣衫，身上穿碧衣裙，头上结淡黄的蝴蝶结。在她们心里，青春的年轮也在变化，但没有人留意她们，在忙忙碌碌的世俗里，人比狂蜂浪蝶还要浮躁。

真正能体察树也在变化的，不是哲人就是诗人。我注意到她们，也是来日本的第三个初夏。

第一年初夏，寂寂京都居，匆匆如过客，寥寥无知己，戚戚有所迫。

真的说不清，是一种什么样的感情，对亲人、故乡的思念？失意、失群和失恋交织在一起？

还有，给任何一个初到日本的人印象最深刻、最难忘的，便是米贵书贱，居大不易。

第二年初夏，载饥载渴于行道，匆匆不暇于渭城；谁谓我无忧？肠中车轮转。完全没有顾及，枇杷树飞花了没有？结果了没有？役于人事而远离清静？埋头案牍而疏于自然？我有一种忽略友情的歉意。

三

真正觉得枇杷树亦可以成为精神知己，是第三次来到客寮，搬进二楼朝北的房间，管寮的老冯告诉我，那是当年种枇杷人住过的小屋。在寂寞中，突然发现客舍边长着几棵枇杷树，枇杷在中午无人的阳光下开始成熟。

枇杷熟时，日影浓起来，花也飞起来，蝴蝶野蜂，时扣窗棂，窗隙漏风漏光，小蜂进出。初夏时节，窗前絮一般的蒙蒙细雨，使人产生一种淡淡的说不出的乡愁。

我坐在窗前读书、写诗，特别是写家信。枇杷树碧玉的衣裙，袅袅的倩影，使我想起远方的人，想起，同样的笑靥，同样的清纯；想起，以前发生过的许多快乐的事和悲伤的事，心里浸透着一种清狂情绪。

春天，月亮透过枇杷的影子，把清光洒满书桌，我的诗思，便游丝一般，在清光里浮动。

秋天，斑驳的红叶在阳光里闪烁，美，静止在岚山白练般的澄江前。

冬天，高树落光了叶子，枇杷仍然枝叶青青，并不是异乡的地气暖和，而是从家乡来的秉性不变。

伏案时，满书桌的树影一起摇动，晃个不停，我知道起风了；

"噼噼啪啪"的一阵瓦鼓响，叶子乱成额前淌水的刘海儿，我知道下雨了。

窗户关不紧，当枇杷枝从窗缝里伸进来的时候，我就觉得，京都四季的花，都与我没有关系；有关系的，唯有这几株客舍枇杷。

四

天天面对着她们，不守候，便是守候；不记录，便是记录。

哪一只小蜂来过，骚扰过她们；哪一只蝴蝶来过，留下了香吻；哪一阵云来过，雨痕便是证据，哪怕轻轻地来，轻轻地走，我都知道。

当蝉声和雨声，此起彼伏；你要留意，此时的枇杷会微露金黄，然后一枝枝、一颗颗溢汁流香；而满窗的枇杷，便成了"免费水果"。我不用外出，不用到超市，只要打开窗，伸手就可以摘取。

早上两颗，中午四颗，晚上三颗。或者，"朝三暮四"也可以，不必规定太死。

摘下枇杷，不用洗，剥去外面的皮，送到嘴里，入口便化。此时满颊微微的酸，微微的甜，维生素C最多。

我不快不慢，不多不少，吃一颗，摘一颗。采下来放在冰箱里，不如留在枝头新鲜；那是天赐的水果，诗人的水果；以日记，以旬记，天天尝新不绝，足可以吃到夏天结束。

最偷懒的是中午，小睡醒起，树影暗绿，山光忽西，几颗枇杷即可振奋精神。

也有预料不到的情况，有一次，我将几颗大一点、黄一点的留在枝头，过几天再吃；第二天一看，枝头空了，只留下鸟啄食后的蒂柄，我为自己留的枇杷，却让馋嘴的乌鸦吃掉了。

枇杷黄熟，令行人驻足，童子翘望；乌鸦聒噪，麻雀云集；

野鸽亦时来争食,"哑哑"相杂,喧声聒耳,啄得残渣满地。

争食也就算了,最可恶的,是扰人午睡。终日如此,摇撼树枝,逐之散去,去而复来,无计可施。

退一步想,我的驱逐行动也不能太过分,因为枇杷树虽长在我的窗前,但归属权并不属于我,而是属于大地,乌鸦、麻雀、野鸽都有份额,我必须平等地与它们共享免费大餐。

五

过了夏天,我就要回国了。

回国前,我静静地体验客舍枇杷来日无多的酸甜,并记住这些与鸟雀争食的日子;吃完枇杷,我把核洗干净,用餐巾纸包起来。游子的枇杷树啊,让我把你的种子带回去吧!

我要在故乡的春风里,种一棵——在异国生长,在异国开花、结果,年年酸甜自知的枇杷树!

精彩赏析

文章意境优美,以动情的语言描述了窗外枇杷树陪伴"我"走过的时光。作者在文中多次使用对偶的手法,如"树影暗绿,山光忽西""乌鸦聒噪,麻雀云集",读之朗朗上口,增添了文章的韵律美。本文从窗外枇杷树的来历讲起,对枇杷树的生长过程描写得很细腻,在枇杷树长大后,它安抚了作者孤寂的心灵,也给作者平淡的生活带来欢乐,内容充实、完整。最后,作者要把枇杷种子带回国,让这棵长于异国的枇杷树"落叶归根",升华了文章的主题。

老寮生的风铃

● 心灵寄语

> 我渐渐地明白老寮生挂风铃的意思了。不是为了避暑、为了消夏、为了清凉;而是为了消愁、为了解闷、为了听自己的心情。有时同样的铃声,可以听出不同的心情。

檐下一只风铃响着。

一

入寮的第一天,我就听见"丁零,丁零……"的声音。从清晨到黄昏,是风笑的声音、雪舞的声音、清凉国里的声音:清脆、明亮、透明,没有半点杂质,单纯、素朴之中,自有一种缥缈的情致。

二

谁挂的风铃?

"老寮生挂的。老寮生住过,走了,留下了风铃。"管寮人说。

也许,老寮生有什么事想告诉我,来不及见面,就通过风铃来转告吧。

还有，风铃一年四季也有喜怒哀乐的，于是，风铃就把春夏秋冬四季——和人的心灵沟通起来，天天对我说风、说雨、说天地之心。

但是，风铃的语言，是风的语言，铃的语言，天的语言，籁的语言，听不懂的我，只能慢慢体会。

譬如，诗人说——谁也没有看见风，但是，蜡烛被吹灭的时候，我们知道风在庆祝生日了；谁也没有看见风，但是风筝飞上天空的时候，我们知道风在游戏了；谁也没有看见风，但是海浪翻卷起来的时候，我们知道风在生气了。

是的，谁也没有看见风，但是，风铃在檐下自语的时候，我知道诗人在寂寞了。

三

不仅是风铃，就是邻居来敲门，带来的都是失意、失恋和忧伤；心里的感情找不到人诉说，人人都急急忙忙地开门、关门，不朝后看，生怕影响自己的休息。大家各住各的，各忙各的，经常是几个月的邻居，走了，连一句话都没有说过；寮中的人，大部分不认识。

平时的我，只能在星期天，像无家的狗受了伤一般，静静地躺在床上，独自听风铃的声音，自言自语。在京都的生活，陪伴我的，一是案上的书，二是檐间"丁零、丁零"的风铃。

四

生病的时候想到，小时候，在乡下，祖母怕我走失，怕我掉到河里，便在我的脚上悬一个铃铛，我走到哪里，铃铛响到哪里，那是一份牵挂——我渐渐地明白老寮生挂风铃的意思了。不是为了避暑、为了消夏、为了清凉；而是为了消愁、为了解闷、为了听自己的心情。有时同样的铃声，可以听出不同的心情。

在大阪湾与鸟羽的飞渡中，鸽群的毛羽，在轻轻地回旋、轻轻地飘荡、轻轻地滑翔；庙会的风笛，各种吉祥的音乐，卖烤鱼、烤肉小摊贩子的烟，便弥漫在寺庙五颜六色的地摊和拥挤的人群之间；让老占住道路、老要避让的我，觉得眼前的一切热闹都与我无关。

五

唯有，此时风铃的声音，是庙宇的声音，檐雀的声音，廊下钟磬的声音，初夏中午寂静的声音。可惜，佛祖不坐在那里。

当旗幡飘动的时候，佛祖问众弟子："那是什么在动？"

众弟子慌忙不迭地回答，"旗在动""风在动"都是错误的；真正答案，是"心在动"。

所以，当风铃响起来的时候，假如佛祖也坐在那里，问我："什么在响？"

我绝对不会回答，是"风在响""铃在响"，我会回答是"心在响"。就像现在，风很大，檐间风铃的短册上下翻动。但是，响的，不是风，不是铃，而是我的心。

六

归期很快到了。

和以前的老寮生一样，我也要走，要回国了。

"丁零、丁零、丁零"，风铃响起来。

我觉得今天风铃的声音很特别，让我心慌。它不停地响着，不安地响着，心绪不宁地响着，也许风铃知道，我要走，并且，不会再来了。

七

"就让风铃这样一直在檐下响吗?"妻问。

"带一枚风铃回国吧!"妻说,"她挺留恋我们的。"

我说:"好。"便解下风铃,放进背包。

我知道,妻想带回的,不是风,不是铃,是我们在京都一年半寂寞的生活。

精彩赏析

文章从风铃的起源、来历、声音三个方面介绍,其间穿插着作者对生活的感悟,使文章内容更加充实,增强了可读性。"有时同样的铃声,可以听出不同的心情"一句点明了主题,即一个人的心境可以影响对事物的看法,当心情愉悦时一切都是乐景,心情悲伤时一切都是哀景。作者文笔细腻,对风铃的描写细致入微,真实而动人。

换 书

心灵寄语

> 换书不行,互相赠送倒可以。在实用主义者看来,这是没有区别的。但换的是利益,送的是友谊。

一

去日本,带了十本自己写的博士论文《〈诗品〉研究》,送给京都大学图书馆和其他日本大学图书馆,送完剩了几本。

放着,没有用;带回上海,是石头往山上背。于是想和书店换书。自己的书,怎么能和书店的书换呢?不过,试试看。

二

离我住的光华寮不远,有一家日本人开的"朋友书店",专卖日本书和中国书。书店虽然只有麻雀般大,却经济、哲学、历史、地理、文学、艺术,应有尽有。

经过一番计划,一天中午,我终于鼓起勇气,带上四本自己的《〈诗品〉研究》,去书店换日本人写的《世说新语和六朝文学》,

还有台湾学者写的《〈颜氏家训〉研究》。

怕店主不肯换,我多带一倍去,两本换一本,让他占便宜,店主唯利是图,我无所谓。我想,大概不会有问题。

三

营业员是来书店打工的女孩子,不懂事,我对她说了换书的意思,她一脸茫然;我把意思重复了两遍,还做了换的手势,她仍是一头雾水,眼睛瞪得大大的,很紧张的样子。

"换书"这句日语不复杂,我是说清楚了的。关键是,我换书的事,超出了她的理解,也超出了她的想象能力。都说日本人想象力差,其实是他们太认真造成的。

我们尴尬地对峙着。

僵了半天以后,她突然点点头,脑筋急转弯般地明白了我的意思,高兴地大笑起来。她接过书,认真又犹豫地看看,说她不好做主,要去请示书店当班的负责人。

负责人是年轻的小伙子,剃着平顶头,听完也笑起来,说:"一辈子没有碰到,真是,一辈子没有碰到的事情哩!"

他谦恭地表示,自己虽是当班负责人,但没有权力处理这件事,要请示老板。日本人做事就是要一层一层地请示。

四

老板来了。我看他年龄也不大,40多岁吧,但更斯文一点。

我先介绍自己写的《〈诗品〉研究》,给他看前面精美的书影,并告诉他:"以前贵店也卖过我的书,《〈诗品〉集注》,3000日元一本。"

他接过书说:"真是好书哩!"我说:"我的两本换你一本,怎么样?"

他说:"不行。"

我说:"为什么?"

他说:"这不公平。"

我说:"我吃点儿亏就算了。"

他说:"谁吃亏都不行。"

"怎么死板得一点灵活性也没有",我说,"既然是换书,定价就不可能一致;不能换,就算了。"我准备把他的书重新放上架,把我的书放进随身带的包里。

五

"你是中国人?"他问,"你在京都大学?"

我说:"是的。怎么?"

他说:"兴膳宏教授,你的认识不认识?"

我说:"怎么不认识?他今年刚退官,现在在京都博物馆当馆长。"

他突然兴奋起来,提高了嗓门说:"你的,是兴膳宏教授的朋友,我的,也是兴膳宏教授的朋友,朋友的朋友,就是朋友。"他把我插回原处的书又抽出来,说:"这两本书送给你,你的研究的可以用。"

"不换?送?"这回是我听不懂他的意思了。

"不,这样吧。"我也赶忙从包里取出我的四本《〈诗品〉研究》说:"这是我写的书,送给你们店,作个纪念吧。"

他也收下了。他欢迎我再来。我也欢迎他到中国来。在"朋友书店",朋友的朋友,就是朋友。

六

　　换书不行，互相赠送倒可以。在实用主义者看来，这是没有区别的。但换的是利益，送的是友谊。有朋友自远方来，不亦乐乎？朋友间送书，不亦君子乎？于是想到，世间万事，换一种思维方式看待，便海阔天空。

精彩赏析

　　作者记叙了在日本用自己的书去书店换书的故事。文章在叙述过程中既有对背景的介绍，又有人物对话、心理活动的描述，具体、生动，于娓娓道来中体现文章主题。作者是兴膳宏教授的朋友，"朋友的朋友，就是朋友"，书店老板便免费把书赠予作者，体现了这位老板的友善、热情。文章结尾点明了主题，做事时换一种思维方式，可能会取得意想不到的成效。

晕　船

● **心灵寄语**

> 一艘船上有达官贵人，也有普通人，他们的社会地位不同，但面对最原始的身体本能，他们都无能为力。

人在舟中，舟在大海，海在子夜，夜在摇晃的梦里。

一

梦是摇晃的，船是摇晃的，海水是摇晃的，漆黑的夜是摇晃的，只有天上的星星不变，随着船行走。

早晨起来一看，啊，舟在太平洋的白浪中，我们正处在大海的中央。大海吞吐日月，包罗万象。

万顷深碧的海水，翻卷着千层白色的浪花，前呼后拥、汹涌澎湃、一望无际；船被波浪摇动着、推搡着、强迫着，风浪很大，逆风的船像一头被拉着不肯走的牛。

狂风把甲板上的水，吹成鳞甲，吹成曲线，吹成烟雾，吹成四处游动的蛇，门一开，人被风吹得站立不住，急忙关上门，不当心，一只小猫的腿被挤压在门缝中，不停惨烈地"呜呜、喵喵"地叫，我不知道小猫的腿压在哪里，谁把小猫带上船，怎么跑到甲板上来了。仔细找，不是猫，是劲风吹动钢板缝隙的声音。

人东倒西歪地站不稳，身体靠在电视机上，又弹回来，往后仰；茶杯"哐啷"一声掉在地上，碎了，茶水流了一地。勉强上厕所，十几步路，身体老是撞了左墙撞右墙。

船上的服务员见状笑了，说，从早晨6点钟开始，风浪大了，船有点颠簸，不过，这是正常的，到10点钟就会好一点。

什么时候才到10点钟呢？我们盼望着10点钟。有人甚至说，下次宁愿坐牢也不愿意坐船。

三

早晨7点，船已在日本最西端的五岛列岛西北方向，上午10点，行驶处在韩国济州岛的南面。在地图上，船离济州岛只有一两寸的距离；但在甲板上朝南看，任你目力多好，也是烟涛微茫。济州岛的山崖、城郭、人民，远在海平线之外。

此时，天碧蓝、海碧蓝，但在遥遥的风浪里，心脏有点不舒服，胸闷得厉害，什么天、海都不美丽了。

船上的医生说，有几种人容易晕船：平衡好的人容易晕船，敏感的人容易晕船，女人比男人容易晕船。晕船和晕车，都与耳朵后面一块"平衡骨"有关系。唯一的办法是平躺在床上不要动。

但刚躺下，又觉得肚子饿，心里慌慌的，说不清是饿，还是饱。也许都不是，是发毛。

平原的人到西藏，会有高原反应；在西藏生活惯了，重回平原，也有平原反应。正如晕船的人，长期经受大海风浪，习惯颠簸不平的生活，重返陆地，会有"晕地反应"。

四

平时，一个人会供奉什么教派，信仰什么主义，执着什么理想，一切得意和失意，到了此时，全没有了。

信念没有了，意志力没有了，审美没有了，只有一种失去方向、任凭漂泊的无奈；只有呕吐了以后还想呕吐；消极地期待风浪平息，盼望早点到达彼岸。此时，每个人都成了弱者，成了需要救济的人。

去餐厅吃早饭吧。中饭和晚饭要自己花钱买，早餐是免费的。

离开日本第一天的早餐，应该是日式的点心、糕团、酱汤、寿司之类的东西。

五

一路扶墙摸壁，跌跌撞撞地走过来，见餐厅里冷冷清清的。

日本料理，花色品种果然很多，只可惜没有人品尝。都说船上饭菜味道不好，其实，晕船的人比病人更挑剔，吃什么都觉得无味，不能全怪厨师。

几个用早餐的人，全都奄奄一息地趴在餐桌上，毫无生气，面对盘子里的糕团、酱汤、寿司，不吃还吐，吐出的都是胆汁和苦水。

六

又撞着墙，跌跌撞撞地走回去。

船上的舱位，分"洋式""和式"两种。每种又分四等：最贵的特等舱，里面设备豪华，住着尊贵的客人，每每是国企老总、政府要员；此外是一等舱、二等舱、三等舱。知识分子乘不起特等舱，乘三等舱也不错。这次三等舱，除了我，还有许多从扬州去日本劳务输出的农村女孩子。

人和人之间是不平等的。

人要分等级，分尊卑，分厚薄，分高下。奴隶社会如此，封建社会如此，资本主义社会如此，现在的社会同样如此。

但你完全没有必要生气，以为人人平等？那是"平均主义"。在这个世界上，已经很少有平等的事情了，陆地如此，空中如此，海上也一样。

不过，现在好了，现在大家都一样，人人平等了。

七

你看，无论是"三等舱"还是"特等舱"，"洋式"还是"和式"，国企老总、政府要员、知识分子，或是劳务输出的农村女孩子，现在人人都垂头丧气地趴在桌子上——

晕船。

精彩赏析

描写与叙述相结合是本文的一大特点。文章题目为"晕船"，作者并不是一味在描写晕船的种种表现，而是在开头就写出了大海的汹涌和船的剧烈摇晃，结尾处又抒发了对人类社会地位不平等的感慨。这样写，充实了文章的内容，使得文章不过于单调乏味。作者能够捕捉稍纵即逝的瞬间景象，抓住它的特征，笔笔传神，让读者领略了大海的波涛汹涌，也见识到了晕船的种种表现。文章的结尾十分耐人寻味。

汉江看夜云

● 心灵寄语

> 穿行其间，我们或侧目，或流连，或惊讶，或低头，或思乡，或失语。异国风情，非亲历不能见。此中乐趣，更胜过纯粹看灯与夜云也。

首尔最美、最值得欣赏的景色是——夜云。

一

开完东方诗话会议的我们，在韩国学生带领下去汉江。

青青的汉江，是汉城生命的源泉和乳汁。半岛的江，显得格外清澈，格外宽阔；在涂满夕阳、松林掩映的傍晚，遥遥地把市中心隔成远方的美丽。

远远地数着，汉江上有二十七座桥。排列，错落，风姿绰约，像戴在城市少女脖子上的项链。一串串金色的珍珠项链，是城市华丽、高贵的象征。二十七座桥又像二十七条飞龙，卧在烟波里。

阳光下，怎么有龙鳞闪动？仔细看，那不是龙鳞，是五颜六色的汽车，在阳光的大桥上来来往往欢快地穿梭。

二

首尔的傍晚,大街上,像游行,像狂欢,人潮开始涌动。闪烁的霓虹灯,鲜明、透亮、干净,行走的全是年轻人,和日本的涉谷差不多。人流是一批一批的,作喷涌状。在交叉路口,绿灯变红灯,像水库蓄水;红灯变绿灯,人一起步,如开闸大潮奔流。

大街两边,各色的贩子,卖假古董的,小玩意儿的,陶瓷字画的,算命的,卖烧烤小吃的,嘈杂声和炊烟混在一起。

三

因为出来早,我们没有吃晚饭,就一路,看到小吃就买,吃着玩儿。虽然吃不饱肚子,却别有风味。

我们中间有一位喜欢吃麦当劳的朋友到处找麦当劳和肯德基的店,没有找到。韩国学生告诉他,在韩国,麦当劳和肯德基不像在中国那样受欢迎。韩国人很少吃油腻的东西,而麦当劳、肯德基的炸鸡腿太油腻,不符合韩国人的饮食习惯。所以,他们的店在汉城一家一家地开,又一家一家地关。

在全世界风行无阻的日本化妆品、欧美和日本的汽车,也在韩国碰壁。韩国人努力发展自己的化妆品和汽车产业,现在,韩国"现代"车满世界跑,化妆品也有名了。

这位韩国学生刚从中国留学回来,问他:"韩国人和中国人最大的区别是什么?"

然而,他的回答令大家听了一言不发,默默地行走,包括没有吃成麦当劳的朋友在内,我们都被上了一堂思想教育课。

在韩国,虽然语言不通,但你站在路边,稍作犹豫状,就有韩国青年上前,问你有什么需要帮助。在经济腾飞的同时,韩国人的精神文明也建立起来了。

四

到了汉江,天空像一块硕大无比的五彩水晶,又像汉城女孩子清澈明亮的大眼睛,真是美极了。但我觉得奇怪,平时黢黑的夜云,为什么会那么透明,那么绚丽?两岸的灯火,和汉江夜云连在一起。天上、人间,星月交辉,灯火璀璨,汉江通明。江滨已有不少看夜云的人。

见不少韩国人,花钱租一张凉席,往江滨树下一铺,人在席上,或坐,或睡,或卧,或仰,或啸,或倚;或家人,或同学,或情人,或相知;或瓜子,或花生,或易拉罐,或橘子水;或呢喃,或谈笑,或讲述,或拥抱。年轻男女,席地而坐,围着长头发的歌手自弹自唱,一人唱,众人和,歌声在夜色中久久荡漾。穿行其间,我们或侧目,或流连,或惊讶,或低头,或思乡,或失语。异国风情,非亲历不能见。此中乐趣,更胜过纯粹看灯与夜云也。

五

我们看得愣住了。于是也学韩国人,铺一张席子,坐下来,在江滨,与朋友谈诗,谈云;谈麦当劳、肯德基;谈汽车、化妆品;谈韩国,谈我们内心的羡慕。

\ 试卷上的作家

精彩赏析

  作者绘声绘色地描绘了韩国首尔的美景及风土人情,把汉江、首尔的傍晚,首尔的夜云等景物形象生动地呈现在读者面前,使人有身临其境的感觉。文中的比喻十分精妙,如把等红灯的人流比作水库蓄水,把开始行走的人们比作开闸泄流,等等,令人读后耳目一新。在文章最后,作者对情感进行延伸和升华,使文章更值得回味。

预测演练五

1. 阅读《客舍枇杷》,回答下列问题。(8分)

(1)阅读第七至九段作者对枇杷苗生长过程的描述,其中有什么寓意?(2分)

_____

_____

(2)说说作者和枇杷树的关系经历了怎样的变化,其中体现了作者怎样的心境变化?(3分)

_____

_____

(3)作者为什么说"京都四季的花,都与我没有关系;有关系的,唯有这几株客舍枇杷"?(3分)

_____

_____

2. 阅读《老寮生的风铃》,回答下列问题。(7分)

(1)说说本文第四节第二段的风景描写起到了什么作用。(3分)

_____

_____

(2)说说你对"但是,响的,不是风,不是铃,而是我的心"这句话的理解。(4分)

_____

_____

3. 写作训练。（30分）

阅读《老寮生的风铃》，介绍一个你生活中最喜欢最常用的物件，说说你为什么喜欢它。

_____
_____
_____
_____
_____
_____

啊，南湾

心灵寄语

> 许多年前，我已经把我的爱献给了西子湖，爱她的浓抹和淡妆，发誓与她共度晨昏，我信守诺言。但是，我同样忘不了你的清纯，你的寂寞，你的年轻，忘不了你美丽的蓝眼睛；我会注视你的命运，在你努力忘掉我的日子里。

一

从郑州南下，过了漯河和明港，山突然秀了，水突然清了，草木油油地绿了。画轴般的江南，牛背上的牧歌，潺潺地，可以听到你的清音了。

当蓝水远远地从千涧跌落，漫无目标地奔突，在找不到前进的方向，失去了歌唱的激情以后，你的怀抱成了眠床，终于，定格成山中的湖，凝固成翡翠的晨昏。

二

我跋涉在荒蛮之地，不期然，走进你的梦里。

怎么这么高雅？这么湛蓝？这么蕴藉？眼眸里隐藏这么多

意思？

顷刻之间，我成了你蓝眼睛的俘虏；我的心，因你的美丽而悸动，掩饰不住地慌乱。

能否冒昧问一下："你叫什么名字？"

——啊，南湾。

多美的一泓水啊，你的清纯令我爱惜不已。我曾梦见无数美丽的水，你是其中之一，你的蓝眼睛，我记得版画般嵌着一轮湿润的太阳。

今天，当我真的见到你了，我却怜悯起你的闭塞：你是否知道自己的美丽？是否知道你委身的，是片无名的土地？你是否知道，山外还有云水的世界？大海有激荡的生活？

我深深地为你惋惜：假如你依傍名山，近在苏杭，亮丽在游人如织的风景区，你会迷住春申①，倾倒江南，洗尽所有的俗眼。你会走红，一夜之间成为新星，名声大噪，人尽皆知。你美丽的蓝眼睛，会印在各种杂志的封面，令诗人赞美，影迷疯狂，发烧友绝倒，"追星族"尾随……

而现在，你锁于冷雾，困在荒蛮，禁锢在无人的峭壁，四面有山的"警察"。只有一小片瀑布试图逃跑，被跌成水雾，落下深不可测的涧，其余的凝成绝望。

三

围住你的青山是你什么人？为什么对你的欢乐、悲哀，始终冷漠，郁郁地，青着脸，毫无表情？

雨在湖心引起的激动，唯可发泄，无奈是青草湖边的蛙声。

---

① 春申：上海市的别称。

湖心有块鸟岛，鸟暂时的家。莺来燕往，歌声、喧闹，使你不至过于寂寞。

但你真的喜欢听她们歌唱吗？

也许，歌唱总比沉寂好？但那些鸟雀，那些莺莺燕燕，能同情你吗？能理解你吗？那些天生浮躁的小生命只懂得叽叽喳喳，争着把夕阳的破衫，啄得东也是，西也是，撒了一天，然后回巢。天天与她们周旋，你会觉得疲倦，觉得厌烦，我知道你的内心：表面上与她们最融洽、最热闹的时候，正是你心里最寂寞的时候。

我能说什么呢？除了叹息、悲伤，为你鸣不平，一切都是徒劳的。显与不显，遇与不遇，努力不如机遇、奋发不如待时，与生俱来的地位决定一切。我真的只有悲哀了。

四

我终于告诉你大海的梦，霎时，你被大海迷惑得如痴如醉。我一波一波的话语，不断催化你的内心。你说你非常激动。那是一个春天的夜晚，细雨织着罗衣，月鸟朦胧，突然一阵涌动，黑发旋成风暴，天地开始旋转，地平线轰然消失，生命变成花环，你惊喜莫名，且歌且舞，不知道怎么感谢才好。其实你不必感谢我，我的话只会使你痛苦。假如你真要感谢，请你感谢大海吧！

现在，我甚至无法表达对你的爱，真的不能。我们属于不同的季节，有不同的语言和色彩。许多年前，我已经把我的爱献给了西子湖，爱她的浓抹和淡妆，发誓与她共度晨昏，我信守诺言。但是，我同样忘不了你的清纯，你的寂寞，你的年轻，忘不了你美丽的蓝眼睛；我会注视你的命运，在你努力忘掉我的日子里。

五

有这种可能吗？假如时光倒流，春天重新开始，那时，我会把你接纳进我的生命。让我的血管里，奔腾着你的浪花，搏动着你的韵律；让你清泉的歌，唱在我的耳边；我要躺在青草里，枕在明湖边，看湖中天，听你轻轻絮语，让晚霞凝成一片风景。

但是，我是跋涉者。

发现你，又离开你；走得太早，遇得太迟。怀着悲伤，我要去天边。

我走了，带一串清音走，带一片惆怅走。捧起你，一小掬。

啊！南湾。

精彩赏析

作者把南湾拟人化，用第二人称"你"来称呼，南湾像人一样拥有了喜怒哀乐，这样写既体现了作者对南湾的喜爱与赞美，又方便读者走近南湾，感受其特点。文章语言富于诗意，运用了大量优美的词汇，写出了南湾一带自然环境的优美迷人。除此之外，作者还借物喻人，文中的南湾象征着现实生活中怀才不遇的失意者，对南湾的赞美与同情也是对这些人的赞美与同情。作者笔调哀而不伤，摹画细腻动人，使文中的南湾令人神往。

梦 雨

心灵寄语

> 曾经飘在我肩头的小雨啊！你是春天，我是秋天。在你仰起脸，朝我看的时候，我读出了你眉宇间的悲伤。你以自己的年轻，使我年轻；以你的缠绵，使我缠绵。你把飞花搅入我的生命里，让我痴迷不已。

又梦见你了，我的小雨。

一

你热切的脸，扰乱着我的梦魂。你沥沥淅淅、絮絮叨叨，像一个情人，在我耳边低语，期期艾艾地说一些话。你的声音老在牙齿边上打旋，像檐下被风吹断的雨水，重复时断时续的歌吟。

二

乍见之下，我惊呆了。

我凝视你，你的脸上，永远蒙着透明的轻纱；你的眼神，永远女孩子般地痴迷；你轻盈的舞姿，像一阵因风轻轻飞旋起来的雪。

你是那么年轻，那么清纯；你的姿势，像流畅而雅致的线条，我的眼睛很难捕捉你；你彩虹一般站在雷雨的身后，你的微笑，像天女袖中洒下的飞花一般绚丽。

第一次见面，我心的池塘里，已布满你透明的韵律。

三

此后小雨频频来。

——在横塘，在柳岸，在桥头。

雨中，你湿润了我，我湿润了你，在我们都需要湿润的季节。那时，带电的云驰过干旱悸动的大地，透明的水帘，便不顾一切地遮蔽六月的天空。

雨，越下越大，我们冒雨朝前走，你疯狂地挽住我的胳膊，带着一股向心力的动势，朝我这边倾斜，我必须用力撑住飘荡不定的纸伞。

我发誓，携你，一去不返，如同范蠡携着西施，去寻找五湖的春天。

四

自来京都，我的窗前，再也看不到你娟秀的笔迹，听不到你动人的歌吟。

想你的时候，我甚至喜欢，你生气的样子。

啊，小雨，你使我迷茫，使我断魂。何日才能忘记，我们雨天的日子？

异乡也有雨，异国也有花。

悄悄地,来了,映着我的背影,在雨巷,在身后,在红绿灯的尽头。

我在荒岛上艰难地跋涉,心里孕育着江南的雨意;你用透明的网,笼罩着我;我的千千结,结满朝你打开的窗户。

梦见你的时候,你也梦见我吗?虽然滞留异乡,我的衣襟上,留满的,仍然是你的叮咛。

五

离别后,一阵小风使你有点儿彷徨;动摇的你,便晕成满纸的湿润。

阴晴不定,孩子脸一般善变的小雨啊!你来去倏忽,让我感到害怕。

等我回来,你还是当年的你吗?等我回来,你还是温柔的你吗?等我回来,你还是透明的你吗?

曾经飘在我肩头的小雨啊!你是春天,我是秋天。在你仰起脸,朝我看的时候,我读出了你眉宇间的悲伤。你以自己的年轻,使我年轻;以你的缠绵,使我缠绵。你把飞花搅入我的生命里,让我痴迷不已。

当飞花洒落,我才看清,那不是花瓣,那点点是,你的唇红……

六

你说,你读了燕子的来信,又感觉到我轻雷般的男中音?

你被雷鸣震撼得黯然惊悸,当着东风和啼鸟的面不能自抑,斜雨淋漓?而整个春天,就在这种不能自抑的雨声中度过了。

你给我讲离别后的故事,令我感伤;有些情节,我一点儿也不知道。

我走了以后,雁影把你带过横塘,飞絮让你坠落水中,风暴带你漂流远方，你都不讳言。

其实，我也想告诉你，雨季以后，梨花悲伤，都白了头；杜鹃啼叫，都啼出血。我想对你说，但这一切都失去了意义。

只有灼热的泪，每一滴，都是含情的雨，不只是瞬间的美丽，而有今生今世诉不完的情愫。

只是惊诧，秋的我，怎么有甚于春的婉约多情？

七

在迷蒙不清、月色沉沉的半夜，在江南石桥畔，你像找错人家一样，急急地，密密地，溅起一阵烟，然后乱叩我的窗棂。

你好像忘了对我说什么，是提醒我，过去的欢欣、离别的思念，还是讨论：这场雨该不该下？请不要说了，我知道，在这场雨后，便是落花的哀歌。但我永远记住的，是你飘逝了的誓言。

八

又梦见你了，我的小雨。

在半夜，在异国的纸窗下，当我倾听你的时候，我的心，正如一柄残荷，盛满你暗自饮泣的雨声。

今夜，你何必在我枕边，对我祈祷，对我忏悔，请我宽恕？还要宽恕干什么呢？即使重到江南，我也赶不上春天。

黄鹂不必叫了，杜鹃不必啼了，我已经准备回家。

雷声渐渐老了，柳色愈显年轻。

家乡的鲈鱼莼菜又在秋风里，没有小雨，也拟归去。

精彩赏析

全文共八个小节,紧紧围绕着小雨来写,辞藻华美,却不给人堆砌之感;把小雨拟人化,每一句都饱含对它的深情和眷恋。文章的意境也十分优美,雨下在横塘,下在柳岸,下在桥头,也下在异国的纸窗下,一种幽静安然的意境跃然纸上,很有"细雨潇潇欲晓天,半床花影伴书眠"的味道。结尾写景抒情,作者梦见小雨,是对小雨的思念,也是身在异国对故乡的思念。

窗外那棵树

● 心灵寄语

> 果在枝间,鸟啄食后飞走了,不知去向何方。也许带到山之外水之外,通过鸟隔山隔水到处播相思的种子。

有棵树,默默地站在半掩的纱窗外。

一

开始,我以为她是一株杨柳,因为第一眼分明有江南女子的婀娜;再看,婀娜中有几分刚劲,色也深,叶也润,每片叶子是一条会游动的绿色的柳条鱼,又像松针般地排列,看上去像一团冷雾。整整两个星期,我是在觉得她美又不知道她名字的无奈中度过的。

二

我天天看她,因为她占据我东窗的半幅,遥山、远水,都隐现在她的枝叶之间。这使所有东升的旭日都染上了她绿衣裙的色彩;而所有从山那边海那边吹来的风,都带有她身上特有的清香。

不知为什么,她过于紧靠我的窗口,以致我两次不小心关窗把她倾斜的叶也关进来,压疼了她的柔枝。一次港岛台风来袭,我出门忘了关窗,等我回来,房间里满是风吹折的树叶,狼藉遍地,无数绿色的小柳条鱼卷起来,使我浮起一片歉意,觉得伤害了她,然后又深深地伤感——因为友人周玲告诉我,这是相思树。

三

相思树肯定有美丽得令人发痴的故事。可惜,我只知道她春天开黄色的小花,并且喜欢在雨中开,默默地开;花缀在长长的枝条上,春末,便抛家傍路,随风嫁风,金雪般地漫天飘飞。

诗人林祁说:"每朵花都是一种语言哩!可惜我们不懂花微笑的语言。"但是我想,无论甜蜜还是苦涩,所有的飘飞都是为了相思;不相思,要那阵南风干什么?

四

相思树开花,易开亦易落。只要一场雨,昨夜的相思便开始凋零,金粉一般,洒落满地。但你不要惆怅,不要失望,不要去践踏她,因为那不是思念的凋谢,而是思念的成熟。沉默,并不意味着忘却;付出的,总会有收获。不管怎么说,一春的相思算是有了结果。

果儿,确是青涩了一点。但再青涩,也是你自己的青涩,属于你的青春,和别人没有关系。其实不一定就是青涩,是你期望值太高,太天真太美满太甜蜜太理想化,任何想象的东西与现实总隔着距离。

果在枝间,鸟啄食后飞走了,不知去向何方。也许带到山之外水之外,通过鸟隔山隔水到处播相思的种子。

五

　　自从认识相思树,我突然认出这种树在多情的南国有好多好多。我不怀疑,每棵相思树都有过相思的经历,但我们走过树下,对别人的经历并不关心。在认识她以前,好像所有的相思都没有发生过。一旦认识,又觉得所有的树,皆因相思而常青。

　　我到中文大学已是秋天,赶不上看她开花结果,仅仅是听说,心里已充满感受。

　　那天晚上,我注意到她悄悄印在我窗纱上朴素无华的影子,她扬起我纷乱的思绪,令我注视良久,辗转反侧。

　　我想,生命值得留念,就是因为有缘。人生就是一场缘。缘一去不复返,今生遇见的人,他生不会再遇见;在来世的某个窗口,不可能还是那片风景,还是那棵娉娉袅袅的相思树。

六

　　半个月过去了,我不得不穿来时的衫儿觅归去的路,当我依依不舍地离开美丽的校园时,我深情地望着窗外那棵树,心里涌起一种渴望:

　　有一枚相思果就好了,青涩的也罢,我要赠给远方的人。

精彩赏析

《述异记》记载:"昔战国时,魏国苦秦之难。尝有民从政戍秦,久不返,妻思而卒。既葬,冢上生木,枝叶皆向夫所在而倾,因谓之相思木。"一棵相思树在作者的窗外默默站着,引发了作者无限遐想。开始只是觉得这棵树美,像江南婀娜的女子,后来得知了它的名字,想象它背后凄美的故事,作者不禁思绪万千。文章夹叙夹议,多情却不流于感伤,抽丝剥茧般带我们认识了相思树的全貌。结尾抒情,表现了作者对"远方的人"的思念。

忆 柳

❀ 心灵寄语

> 所有的柳叶，都挥成罗帕的意象；所有的柳枝，都摇曳出歌声；所有的柳树，都列队在春风里，向诗人告别。柳树，是故乡的树，是有感情的树啊！

一

眼前，正是落花时节。

我在信里，夹一朵，京都的樱花，遥寄隔海的你。

那是我绯红的思念啊，我渴望，得到一片柳叶。一片江南的柳叶，一片笼罩长堤雨意的柳叶；一片卷起来，吹出水乡船歌的柳叶；一片，和你脸庞同样秀丽的柳叶。

家住江南的，是你？是柳？分不清。梦中，是青青的柳；柳下，是亭亭玉立的你。就算鹅黄嫩绿不是你的花衬衫，细长的柳眼也能表达春天。

二

柳啊，忆你。

在遥远的京都的三月天里忆你；在飞着风筝的清纯的三月天里

忆你。

自从把船系在柳岸,我的梦,便萦回在草长莺飞的季节。柳下,傍船;岸边,系舟。系舟的,是你;解舟的,也是你。

恨不能飞鸟一般,衔春思,穿行在你柳丝的倩影里。

三

小舟,终于,一支橹、一支歌地摇出了小镇的画框。长堤无语,风也无力。满面愁容的诗人,告别了江南。

此时,所有的柳叶,都挥成罗帕的意象;所有的柳枝,都摇曳出歌声;所有的柳树,都列队在春风里,向诗人告别。柳树,是故乡的树,是有感情的树啊!

路,出了城外;船,离了别浦;帆,犹舞在日暮。曲折的水路,太阳西斜。人去了远方。

四

分别的日子,渐渐地,倾斜;渐渐地,坍塌;渐渐地,平了,平成地平线。

隔着往事,我已忆不起你真切的脸。

当时分别的情景,越清晰,现在的回忆,越朦胧。只有,心情如秋天的池水,一天比一天凝重;人如春尽的杜鹃,一天比一天消瘦。

五

柳啊,忆你。

倚着京都寺庙的栏杆忆你;迎着大阪夕阳下微醉的酒旗忆你;

在风景宛如江南的岚山忆你;凝视着满街的红灯笼忆你。

京都四条的红灯笼,是中国式的红灯笼啊!为什么这里的人,没有人爱柳?古国多情的柳,被贬到小舟撑不出的边缘?

隔着疏水,八阪神社的钟声,唤起我无奈的情绪。

六

柳啊,忆你。

在樱花的窗前忆你。

因为雨季漫长忆你;因为岁月黯淡忆你;因为异国寂寞忆你;因为深情而忆你。

啊!今年春天,柳色又泻满池塘了。问:我何日才能成为柳间归来的燕子?

精彩赏析

作者以散文诗般的语言回忆江南的柳树,篇幅不长,却表达了作者饱满的情感。文章语言如潺潺的流水,一些语句很能引起读者的共鸣,如"恨不能飞鸟一般,衔春思,穿行在你柳丝的倩影里""柳树,是故乡的树,是有感情的树啊",细腻而优美。文章采用第二人称叙述,把柳树拟人化,也让读者倍感亲切。这种叙述方式加强了互动效果,有亲和力和感染力,强化了抒情作用。我们在写作时也可以学习借鉴。

忆江南

🌷 心灵寄语

> 今天我在梦中写你名字的时候,不知道为什么竟然陌生了,我觉得不是在写字,而是一圈一圈在画你的脸,画满我的思念。

你认识一个叫江南的女子吗?你就是那个叫江南的女子吗?

一

在细雨霏霏的早春,我忆的,正是你,亭亭玉立的你,青青的你,江南柳一般发丝垂地的你。

二

我们分别很久了。在异国,在漫长得叫不出名字的日子里,我忆江南的四月,四月的晴朗,四月的湿润,四月的鸟声和你的气息与呢喃。

分别后,你,就是我的故乡。分别后,你的脸,竟像江南桥头斜挂的明月,一天天消瘦的,还是那片清光。江南的雨季,濡湿了酒旗。你穿一件青绿的衣衫,靓女一般,宁静的身影,是桥头细雨遮不住的灯盏。

三

我走了。从此,我们之间便隔着一座绿色的邮局,又饥又渴的我们,都学会了从邮局的一头,取另一头寄来的干粮过生活。

我走了。从此,我们之间便隔着一场大雪,雪下白了所有通向你的小路,足迹全无,我们失去了方向,迷失在古老的原始森林里。

我走了。从此,我们之间便隔着一帘风絮,透过山山水水,共同望穿日本的彩云。

四

现在,我正在给你写信。啊,假如我的信上,不写一个字,只写满了——江南。

我能寄得出吗?

你能收得到吗?

收到后,你能认得出我的笔迹吗?

告诉你,今天我在梦中写你名字的时候,不知道为什么竟然陌生了,我觉得不是在写字,而是一圈一圈在画你的脸,画满我的思念。

我觉得,今年的春天,和十年前的你,长得很像,但我不明白,再来江南,你还会为我铺绿罗裙般的草地,开同样颜色的花,给我同样的微笑吗?我们还能站在花树下,任一阵风,让花片四处飘旋,轻轻扬扬掉落在我们肩头吗?

五

异国也有雨,异国也有花,濡湿我的青衫,迷蒙我的双眼,在异乡的街头,我抖一抖衣袖。任京都的蝉、大阪的云、神户的灯,都被抛在身后。我忆的是——江南。

我忆的是,落花的江南,雨丝的江南;雨中的柳,柳边的船,船上的人,人吹的箫,箫声的哀怨。

今天的雨,怎么说着梦呓?今天的雨,竟如邻船的病狗,孩子般"呜呜"地哭?那是东瀛的雨,没人听——我病了,病于江南。

六

卷起重重的帷幕,倚遍所有的栏杆,梦魂千里万里,不如春天归去。我们约定,我骑青骢马,你乘油壁车,如苏小小和她的情人,约在江南系舟的柳边。

我决心在搅起风絮的季节,抛却书卷,仗剑返国。

我要拨开梅熟的雨帘,从酒香、月影和陈逸飞的画里,踏上青石板的小巷,走过双桥,重回江东,娶我日夜相思的小乔。

我要撑开一江春水,用小舟,载你——过江南。

精彩赏析

本文同样以第二人称叙述,使读者的代入感极其强烈。作者以分别后的思念为载体,用柔软的笔触写出了江南别样的美,这种美婉约而充满诗意,小桥流水人家,在雨中淡淡地蒙上一层薄纱,总让人遐思无限。文章第五节通过对比写出了作者对江南的依恋,"任京都的蝉、大阪的云、神户的灯,都被抛在身后。我忆的是——江南",异域的美景各具特点,但在作者心中它们都无法和江南相提并论。本文既是一首写思念的离歌,也是一首写江南的赞歌。

春 子

● 心灵寄语

> 作者自从和春子喝过咖啡以后，也渐渐地喜欢喝了，不是喜欢咖啡本身，而是喜欢咖啡店里感伤的气氛，苦苦的味道，一种坚贞、执着、向往，一种和咖啡联系在一起的忆念和迷茫得说不清的情绪……

春子是我的日本女学生，住在东京。

一

好看的日本女孩子，脸差不多是长圆的，身材瘦削，鼻子像富士山。据说是流行的"骨感美"，春子就这样，不仅人漂亮，而且懂事，汉语是全班最好的。

我上课的时候，有时日语讲不出，就讲汉语，请她翻译，她翻得很流利。考试的时候，中译日，我出的题目是翻译我写的散文《客寮听蝉》，她翻得最好。她说，她以前在台湾教过日语，在台湾生活过三年，汉语自然好了。

课程结束，考试结束。

临别的时候，我们交换了地址和电话，她说她住在东京新宿，如果有机会去东京，请我去找她。

二

回到京都，我就不断地收到大大小小的包裹，经常是肉脯、鱿鱼干等吃的东西，或者风铃、玩偶、信笺，各种纪念品。拿在手里，不必拆开，看那种精致的样子，就知道是她寄来的。

几个月以后，我回国了。但每年春节、元旦，仍然会收到她寄来的贺卡。

她每年寄，我也回复。她寄来，我寄去——风筝一般。

三

几年后，我有机会去日本东京大学文学部。

她来信兴奋地说："到了东京，一定要打电话给我。"

到了东京，我住在离涉谷不远的"驹场"会馆，打电话给她。

我问："我们在哪里见面呢？"

她说："你来新宿找我吧！"她说了自己工作的地方，我们约在新宿车站的一个大广告牌下见面。

大广告牌很醒目，上面是一个男影星的巨幅照片。哪怕从远处来，一眼也可以看见，不会认错。

我想象她站在高台上白衣裙随风飘扬的样子，一定会很好看。她日语好，汉语也好，又年轻，有在台湾教日语的经历，一定会在大公司当白领，大公司很欢迎这种人。

四

走近了,只见她站在一家小咖啡店门口。

我想:她请我喝咖啡,所以约在这里?

"不。"她拉着我的手说,"老师,我在这家咖啡店工作,当招待。"

她说她在咖啡店当招待的时候,没有一点自卑的神色,好像还很自豪似的。只有我惊愕得说不出话,啊啊,好在她没有注意我脸上惊愕的表情。

我皱着眉,上下打量,这家咖啡店太小了,而且是违章建筑,搭在两栋房子之间,原来是过道,盖了个顶,成了临时的摊点。沿墙壁两旁放桌椅,两边坐着喝咖啡的人,中间很窄,难以转身。

她热情地招呼我,但我无法跟她进屋。

挤在门边,她招呼我坐下,但没有坐的地方。

星期天,人很多,真是忙。她顾不上我,便上前欢迎刚从我胳膊底下挤进屋的客人。

我尴尬地站着,在不算短的时间里,任进进出出的客人左碰右撞,不时地挨他们的胳膊肘,站不稳便像陀螺一般旋转。

她招呼客人,还要倒咖啡、端咖啡,好像扔下我不管。

我无法理解她的工作,也后悔今天来。

五

尴尬地站了二十分钟,在我想离开的时候,她欢天喜地地告诉我,她下班了。

"到哪里去呢?"她问。

我说:"不知道。"

她说:"先到咖啡店里坐坐吧。不能在我们店,去另一家。"

店外车水马龙,路很窄,几个弯一转,就失去了方向。

日本的咖啡店,许多都开在大广告牌下面。不知为什么,她几次推门进去,又几次退出来。末了,进了一家,灯光幽幽的,黄色的墙壁,配上深咖啡色的门,黄铜的手柄,墙上挂着大幅17世纪意大利油画的复制品,桌上放着鲜花。

拣了角落的但很有情调的位子坐下。

春子在咖啡店工作,她喜欢咖啡的味道,喜欢咖啡店里弥漫的浓浓的惆怅意味。还有,一杯咖啡是一根线,能牵出十年、八年,甚至二十年前的往事。

六

在咖啡店,经常可以看到一些令人惊艳的年轻女子独坐一隅,美丽而忧伤地低着头,影星一般披肩的长发,搁在椅子上的纤手,燃一支烟,偶尔投来一瞥,亮丽而高贵。我不明白她们为什么这样,有时奇怪地朝她们看,朋友说:"你不要这样朝她们看。"今天和春子一起来,感觉就不一样了。但我想,要是春子一个人来,是不是也像以前我在咖啡店看到的女子,美丽而忧伤,甚至还有一种颓唐的表情呢?

在中国,我只喝龙井茶,不喝咖啡。走在京都大学对面的街上,经过咖啡店门面,见橱窗里,各色的瓶里装满各色的咖啡豆,有巴西的、美国的、几内亚的、哥伦比亚的。春子说,不同的产地,不同的香味,不必用眼睛看,闻香味就知道了。但我不行,我闻不出,而且不认为这是一种本事。

日本有一首歌叫《伤心酒店》，就问她："有没有叫'伤心咖啡屋'的？"

她说："没有。酒店是发疯的感情，咖啡屋是惆怅，不发疯，但更彻骨绵长，难以忘怀，因为那是不绝的思念。"她停顿了一下，犹犹豫豫地补充说，"以前总跟一个人来喝咖啡，每次都惆怅。今天老师从中国远道而来，我心里很高兴，一点不惆怅了。"

七

我问："你去过中国大陆吗？"

她说："没有。很想去你们上海。"

我说："你来上海，一定要打电话给我，和我联系，我要好好招待你。"

我们聊了很多。

忽然谈到家，谈到家庭，我说："你成家了吧！"

她突然涨红了脸，不回答，一个劲地摇头。

怎么可能呢？我有点不相信。

沉默了一会儿，她突然说，恋爱过，恋爱了七八年。

"后来呢？"

"分手了。"

"为什么？"

她把眼光转向别处，轻轻地叹了一口气，说："那是一个有妻子的男人。"

"啊哟，对不起。真的对不起。"我一下觉得失礼，不该问。一股浓浓的失落和怅惘的感觉，在咖啡香和幽幽的灯光下翻腾。

八

"我们去唱卡拉 OK 吧。"她建议说。于是，我们站起来，离开令人感伤的话题，去唱卡拉 OK。

临走前，她又为我要了两块面包，一大杯冰激凌。她知道，刚从中国来日本的人，总有一阵子吃不饱；日本人到中国出差回来也一样。以后胃逐步缩小，就饱了。

在小街转悠了一会儿，挑了一家。

卡拉 OK 是日本发明的，与方便面一起，被认为是 20 世纪日本人的"三大发明"之一。但到了日本才知道，卡拉 OK 最流行的，不是在日本，是在中国。凡是最流行、最消费、最享受的东西，流传到中国最快，并且最受人欢迎。

日本业主发现，来日的中国人比日本人更喜欢唱卡拉 OK，为了做中国人的生意，许多卡拉 OK 店就日本歌兼中国歌，随便你唱哪一国的歌。

但这家不兼，这家店全是日本歌。

翻点歌簿，日本歌里，我只会唱一首《北国之春》。那是日本人思念故乡，思念恋人、思念哥哥和老父亲的，暂且拿来表达思念自己的故乡亲人吧。

第一首《北国之春》，第二首《北国之春》，第三首还是《北国之春》……唱了一遍又一遍。

"就唱一支歌？"她惊奇地问。

我说："我只会唱这支歌。"

于是，她就笑着不断地点，我唱了一小时《北国之春》。

九

我请她唱,她不唱,她说她喜欢听我唱。

我坚持要她唱,勉强了一会儿,终于,她唱了一首我不知道名字的歌,显示在屏幕上的歌词是:

第一次认识你,你把我带到一家情人旅馆,我深深地爱上你的肌肤,再也离不开你。

几次问你家里的电话,你不肯告诉我。一次无意看了你的通讯簿,看见在我的电话前面,写着一个男人的名字。

偷偷地跟着你,来到你家,听到你家孩子的哭声……

歌唱慢慢变成哭泣,她哽咽着说,唱不下去了,请我原谅。

我突然想到,刚才的歌词,不正是她自己的遭遇吗?我一下收紧了心。不再问,也不再说话。

十

"我们去吃饭吧。"她说。

我们离开卡拉OK屋去吃饭,那是中国料理,味道并不正宗;而且一边吃,一边想刚才的事,也吃不出味道。

吃完饭,她又带我看花展,各种各样的花卉,高低错落,被摆成比花还要精巧的样子。这些花我都不认识,也不想认识,我关注的是春子的心情。并排走的时候,偶然瞥见她的脸,她的脸一直苍白着,为了陪我,强打兴致,让我很难受。

我真后悔鲁莽地问她男朋友的事,还有那首卡拉OK。

是我无意中深深地刺痛了她？还是她本来就想借咖啡和卡拉OK，把心底的这些事告诉我这个异国的老师，通过讲述，减轻一下她过于沉重的悲伤呢？

我要回京都了。

她默默地送我。

我默默地乘车。

十一

到京都了。我还在想春子的事情。

自从和春子喝过咖啡以后，不喜欢喝咖啡的我，渐渐地喜欢喝了。不是喜欢咖啡本身，而是喜欢咖啡店里感伤的气氛，苦苦的味道，一种坚贞、执着、向往，一种和咖啡联系在一起的忆念和迷茫得说不清的情绪。

后来，我听说几个为了追求爱情，一辈子留在咖啡里寂寞的女人的故事。现在有的已经六七十岁，老了，但仍然傻傻地坚守着年轻时的诺言。

我住的寮附近，就有一位这样的老女人，为了从前的恋人，一辈子不结婚。我进寮出寮，经常在路上看到她满是皱纹但仍清癯秀丽的脸。

每次，我都不自觉地要回头看她的背影，深深地震撼，也深深地遗憾。日本这些女性对爱情竟如此执着认真。

虽然我敬佩她们的精神，但仍强烈地希望，春子不要成为那样的人，不要爱那个有妻子的男人。

十二

回国以后，不去咖啡店，喝咖啡也在自己家里，当时中国没有那样消费性的城市精神避难所，春子也没有来过信。

十多年过去了。

听日本友人说，有一次过年，春子随旅行团来到中国，还到了上海，热切地想见到我。

我答应她来上海，一定好好招待她的。但她给我打电话，一直打不通，最后只好失望而归。

我搬了几次家，改了电话号码，没有通知她，也无法通知她。

在过去十多年的岁月里，春子有家庭了吗？有孩子了吗？有男朋友了吗？还在那家大广告牌下的小咖啡店里工作吗？

什么时候，我才能再用清水般的心情，重新品味异国那苦香的咖啡呢？

精彩赏析

本文是一篇忆人的佳作，作者回忆了和春子小姐的点点滴滴，语言朴素自然，淡淡的思念流淌在字里行间。春子是作者在日本教书时的学生，是一位独立、有思想却命途多舛的女性。作者描写她的言谈举止，同时勾勒出日本的民生图，使人读着津津有味。除此之外，作者通过对比中国人和日本人不同的思想观念，抒发了自己对于生活的见解，具有一定的现实意义。

▶预测演练六

1. 阅读《啊,南湾》,回答下列问题。(8分)

(1)阅读全文,简要概括一下南湾的特点。(2分)

_____

_____

(2)联系上下文,对下面的句子进行赏析。(3分)

那是一个春天的夜晚,细雨织着罗衣,月鸟朦胧,突然一阵涌动,黑发旋成风暴,天地开始旋转,地平线轰然消失,生命变成花环,你惊喜莫名,且歌且舞,不知道怎么感谢才好。

_____

_____

(3)请你从写作手法的角度来分析本文的特点。(3分)

_____

_____

2. 阅读《窗外那棵树》,回答下列问题。(8分)

(1)文章开头有何作用?(2分)

_____

_____

(2)联系上下文,对下面的句子进行赏析。(6分)

①她过于紧靠我的窗口,以致我两次不小心关窗把她倾斜的叶也关进来,压疼了她的柔枝。

_____

_____

_____

②只要一场雨,昨夜的相思便开始凋零,金粉一般,洒落满地。

_____

_____

_____

3. 写作训练。(60分)

　　你是那么年轻,那么清纯;你的姿势,像流畅而雅致的线条,我的眼睛很难捕捉你;你彩虹一般站在雷雨的身后,你的微笑,像天女袖中洒下的飞花一般绚丽。

——《梦雨》

请用第二人称方式写一篇关于美景的作文,题目自拟,文体不限,不少于800字。

★ 试卷作家真题回顾 ★

【客寮听蝉】

1. A（2分）

【解析】A.正确。B.有误，选项中"渲染寂寞闲愁，是为了引出第一声蝉鸣，勾起下文作者客居异国思乡的愁绪"是错误的，是为了写蝉鸣带给自己的快乐喜悦。C.有误，没有"厌烦的情绪"。D.有误，没有触觉。

2. 运用了比喻的修辞手法，从多角度生动形象地表现了蝉声的急徐宏细的变化。用丰富的联想，刻画出哀而不伤的意境，勾起读者美好的想象。（3分）

【解析】本题考查句子的赏析。本题是作者表达情感的议论性语句，点明其修辞手法，说明其表达的情感即可。

3. 蝉鸣是美好的合唱音乐，独占了夏天的歌坛；蝉鸣是生命创造力的象征，用歌唱赞美生命，体现自己的价值；蝉鸣是思乡之情的触发物，也是对游子的一种慰藉；蝉鸣是人与自然和谐相处的象征。（4分）

【解析】本题考查意象的理解。蝉鸣，从初夏五月写到秋天，涉及蝉的整个生命过程，几乎独占了整个夏季歌坛，赞美了蝉"生命存在就要歌唱"；"自己也是一只小小的蝉，因翼短不能飞渡重洋而思念故乡的树"。由"蝉"想到了故乡。注意语言的概括性。

4. 示例1：我赞同，因为第④段开始写对家乡的思念，这个问

题刚好用来引出家乡，使联系更紧密，结构更紧凑。同时，前面几段主要描写蝉声，表现蝉对生命的歌唱。（4分）

示例2：我反对。这个是承接第③段的丰富的联想，其用意也不在明写思乡，而轻声问，表现的是对蝉声的喜爱。同时引出第⑤段对蝉声的兴致勃勃的细致描绘。当然，也暗伏后面情绪的变化。当秋天到来，乡思油然而生，在前文有如此一问，方不显得突兀，却体现了文脉的起伏多姿。（4分）

【解析】本题考查句子作用的分析。解答此题先要写出自己的观点，同意或反对，然后理由要能支持自己的观点，理由充分，语言流畅即可。

★试卷作家美文赏练★

【预测演练一】

1.（1）作者所说的"造山运动"，是指的孩子在肚子里逐渐发育长大的过程。（3分）

（2）孩子是连接父母的纽带，他的存在让父母不会渐行渐远，既突出了孩子对一个家庭的重要意义，也表现了父母对孩子的爱。（2分）

2.并不是的，作者用轻松幽默的语言，打趣自己的孩子，正是体现了对孩子的爱。不管是大眼睛还是小眼睛，孩子都是父母眼中最珍贵的存在。（3分）

3.略

\ 试卷上的作家

【预测演练二】

1.（1）本文通过对孩子们斗蟋蟀时语言、神态、动作的描述，讲述了孩子们斗蟋蟀的故事，展现了孩子们的活泼与天真。（3分）

（2）因为一呵气，蟋蟀就会跳出来逃走；或者在众人的追捕中，被手忙脚乱的孩子踩死，而且踩死蟋蟀还不赔。（3分）

（3）示例：与蟋蟀玩耍的亲近大自然的生活让作者更热爱自然，并从斗蟋蟀中体会到一种"勇敢、不屈不挠"的奋斗精神。（3分）

2.（1）"我"在小书摊读的书目，印证并令人信服对"我"的影响"超过许多学校和许多语文老师的，是费老头和他弄堂口的小书摊"一语。（3分）

（2）不矛盾。"慈祥"是他善良天性的流露，"吹胡子瞪眼睛"是他整治孩子调皮的手段，也是维持生计的需要。（4分）

（3）称费老头和他的小书摊是"我"心里头纪念碑一般永恒的起点，与"我"考进大学中文系走上文学道路挂钩，照应开头，更深化了主题。（4分）

3.略

【预测演练三】

1.（1）"漫长的冬天"指冬天的日子很漫长，而祖母在老屋没有可以说话的人。"漫长"一词突出了祖母的寂寞，同时也暗示了祖母供祖宗的原因。（3分）

（2）作者运用语言描写、动作描写等方法来写祖母供祖宗时的场景，表现出祖母不同于平日的激动与兴奋，反衬祖母很看重供

祖宗这件事。（4分）

（3）祖母对供祖宗很上心，注重仪式，而"我"不合时宜的话衬托出祖母供祖宗的虔诚和庄重的心情。（3分）

（4）"我"回忆起祖母供祖宗的做法，注意到祖母偷偷抹眼泪，与祖母无人诉说的寂寞心情产生共鸣；想起祖母种的红樱桃开放时"扑簌、扑簌"的声音，是对儿童生活的怀想，也是对祖母的想念；除夕时想到祖母感到悲伤，提出自己也要供祖宗，第一个供的就是祖母。（6分）

2.（1）把父亲的木屐比喻成供一家人乘坐的船，表明父亲是全家人生活的依靠，这句话总领全文，同时点明文章的主旨。（3分）

（2）父亲穿着高高的木屐在玻璃厂工作，而从不抱怨辛苦；常年都穿木屐是为了省钱养家，因为木屐便宜，可以穿很久；父亲不告诉"我"腿上伤疤的原因，独自承担忧愁和苦痛。（6分）

（3）父亲穿着厚厚的木屐，承载着生活的沉重。"木屐"象征着生活的艰难以及父亲为家庭的辛劳付出，表达了作者对父亲的理解、感恩和思念之情。（4分）

3. 略

【预测演练四】

1.（1）因为稻草人善良、懦弱、犹豫，同情麻雀，对饥馑而前来啄食的鸟雀，采取眼开眼闭、任其自然的态度。（2分）

（2）这里是作者情感的宣泄，深刻表达了作者对像"稻草人"这样的守望者的同情与惋惜之情，以及大众对"守望成了一种形式，一种多余，一种奢侈，一种自我放逐"这一现状的愤愤不平。作者用连续反问的方式提出质疑，增强文章的气势和说服力，同时激发

\试卷上的作家

读者情感共鸣。（4分）

（3）结构上，与文章开头相呼应，使结构更加完整和严谨；内容上，这既是对守望者生命结束的讲述，也是作者高涨情绪的表达，歌颂稻草人，也就是守望者坚贞不渝、无私奉献的高尚品格。（4分）

2.（1）作者分别养过君子兰、杜鹃、月季、茶花。为了养好花，作者买来《花经》，不懂就翻；浇水、施肥、除虫、拔草。（3分）

（2）这里运用拟人和夸张的修辞，将草人格化，通过草的一些动作、声音，把草刚从土壤冒出的小心翼翼——涌动、骚扰，以及冒出头后疯狂生长——呐喊、号声、排山倒海的气势表达得淋漓尽致，生动形象，表达了作者对小草顽强生命力的惊讶与赞叹。（4分）

（3）一是要像文中的小草那般顽强，在面对苦难与挫折时不轻易放弃，坚持不懈；二是每个事物有其存在的方式与价值，不可肆意强求。（3分）

3.略

【预测演练五】

1.（1）枇杷树的生长过程，就像漂泊异国他乡的游子的状况，他们在狭窄的生存空间中顽强地生长，最终找到了自己的空间，形成了一道独特的风景。（2分）

（2）作者第一年初到京都时，不适应这里的生活，心情孤寂，十分想家，并没有注意到枇杷树；第二年忙于各种事务，没有细心观察过枇杷树，对枇杷树略带歉意；第三年，作者搬到了窗外种有枇杷树的房间里，突然发现那几颗枇杷树已经十分成熟，作者逐渐在枇杷树上寄托了自己的思乡之情，枇杷树成为作者的精神

知己。（3分）

（3）作者旅居京都，对此地没有归属感，所以会觉得"京都四季的花，都与我没有关系"；枇杷树与作者一样，都是外来者的身份，他们的故乡都在中国，在无数个寂寞的日子里，只有枇杷树陪着作者，所以说只有枇杷树与他有关系。（3分）

2.（1）这段话写出了日本街头的繁华、热闹与拥挤，而在这拥挤的人群中，作者难以融入，因此总是需要回避，突出了作者在异国他乡的孤独感。（3分）

（2）作者之所以注意到风铃的声音，是因为作者心里有忧愁和孤寂，因此可以说当风铃响的时候，其实是作者自己的心在响。（4分）

3.略

【预测演练六】

1.（1）水清，被冷雾覆盖，四面环山，有一小片瀑布，湖心有块鸟岛。（2分）

（2）作者运用拟人修辞和场景描写，将春雨时南湾的状态生动形象地呈现在读者眼前，让读者仿佛身临其境。（3分）

（3）作者一方面采用第二人称的方式，将南湾拟人化，拥有人的喜怒哀乐，形象地表达了作者对南湾的喜爱与赞美，同时令读者感同身受；另一方面，作者借物喻人，把南湾看成现实生活中怀才不遇的失意者，表达了对现实中"努力不如机遇，奋发不如待时"现象的悲哀。（3分）

2.（1）文章开门见山，点出了文章的主要对象——树，但是并未明确树的名称，只提到"默默站在窗外"，不仅激发读者的阅读

兴趣,引发读者思考,而且营造了一种孤独、寂寞的氛围。(2分)

(2)①作者运用拟人的修辞,将柳树拟人化,"紧靠""压疼",将相思树的姿态和感觉形象生动地表现了出来。(3分)

②这里运用景色描写,将下雨时相思树的姿态一一呈现在读者眼前,描绘了一幅雨中凋落的盛景,借此表达作者的惋惜之情。(3分)

3.略

试卷上的作家

初中生美文读本

序 号	作 者	作 品
1	安 宁	一只蚂蚁爬过春天
2	安武林	安徒生的孤独
3	曹 旭	有温度的生活
4	林 夕	从身边最近的地方寻找快乐
5	简 默	指尖花田
6	乔 叶	鲜花课
7	吴 然	白水台看云
8	叶倾城	用三十年等我自己长大
9	张国龙	一里路需要走多久
10	张丽钧	心壤之上,万亩花开

高中生美文读本

序 号	作 者	作 品
1	韩小蕙	目标始终如一
2	林 彦	星星还在北方
3	刘庆邦	端 灯
4	刘心武	起点之美
5	梅 洁	楼兰的忧郁
6	裘山山	相亲相爱的水
7	王兆胜	阳光心房
8	辛 茜	鸟儿细语
9	杨海蒂	杂花生树
10	尹传红	由雪引发的科学实验
11	朱 鸿	高考作文的命题与散文写作

全真模拟考场
高频必刷真题,演练出高分

应试技能直升
阅读专题精讲,考试有高招

"码"上进入

阅读提分充电站

学业提升有计划

扫码进入

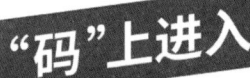

作文精修助手
在线纠错润色,练就范文水平

命题热点课代表
趋势快讯一手掌握,轻松迎战